**삼성의 임원은
어떻게 일하는가**

삼성의 임원은 어떻게 일하는가

지은이 김종원
펴낸이 임준현
펴낸곳 도서출판 넥서스

초판 1쇄 인쇄 2014년 2월 10일
초판 1쇄 발행 2014년 2월 15일

출판신고 2001년 12월 5일 제313-2005-000004호
서울시 은평구 통일로82길 17
Tel (02)330-5500 Fax (02)330-5555
ISBN 978-89-98454-24-1   13320

저자와 출판사의 허락 없이 내용의 일부를
인용하거나 발췌하는 것을 금합니다.
저자와의 협의에 따라서 인지는 붙이지 않습니다.

가격은 뒤표지에 있습니다.
잘못 만들어진 책은 구입처에서 바꾸어 드립니다.

www.nexusbook.com
넥서스BIZ는 도서출판 넥서스의 경제경영 브랜드입니다.

삼성의 임원은 어떻게 일하는가

| 김종원 지음 |

넥서스BIZ

| 프롤로그 |

생각하는 법을 바꾸면
당신의 미래가 바뀐다

많은 직장인이 내게 이렇게 말한다.

"낮에는 일에 쫓겨 정신이 없지만, 밤이 되면 미래에 대해 더 생각하게 됩니다."

"10년 후에 어느 곳에서 무슨 일을 하게 될지 모르겠습니다."

나는 그 답을 삼성의 임원들에게서 찾았다. 삼성이 분기 실적을 발표하면, 많은 사람이 놀라움을 금치 못한다. 늘 예상을 깨고 높은 실적을 올리기 때문이다. 하지만 그들은 놀라면서도 다음 분기에는 분명 삼성이 지금처럼 높은 실적을 올리지 못할 것이라고 예상한다. 전문가들이 삼성의 수익 악화를 예상하며 꼽는 이유는 환율 하락, 잘나가던 사업부의 이익 축소, 세계 경제 경기 악화, 무분별한 일회성 성과급 지급 등 참으로 다양하다. 하지만 삼성은 그런 기대를 무너뜨리고 다음 분기에도 자체 최고 실적을 경신한다.

삼성의 경쟁력은 대체 무엇일까? 그동안 삼성에 대한 많은 책이 나왔다. 삼성의 회의술, 용인술, 경영법, 자기관리법, 협상법 등 그 스펙트럼도 매우 다양하다. 하지만 우리가 삼성의 임원들에게 배울 것은 그런 점들이 아니다. 본질은 그들이 생각하는 법이다. 모든 것의 시작은 생각이다. 그들이 지금 가지고 있는 모든 능력은 결국 그들의 생각이 쌓여 이루어진 결과물이다.

당연한 말이지만, 남다른 생각이 없다면 남다른 성과를 낼 수 없다. 그들이 우리와 다른 삶을 살고 있는 결정적인 원인은 바로 생각에 있다. 지금 당장 그들이 가진 지위와 재물 등을 빼앗더라도, 그들은 곧 모든 것을 되찾을 수 있을 것이다. 왜냐고? 모든 것을 빼앗아도 그들의 생각은 빼앗을 수 없기 때문에!

결국 삼성이 다음 분기에 수익을 낼지, 그렇지 않을지는 세계 경기와 환율 등의 외부 요인이 아니라, '삼성 임원들의 생각이 멈췄느냐 아니면 여전히 돌아가고 있느냐'로 판단해야 한다.

한 가족을 책임지고 있는 가장이라면, 누구보다 멋진 삶을 살고 싶은 사람이라면 이런 바람을 가지고 있을 것이다.

'누구도 무시하지 못하는 나만의 경쟁력을 가지고 싶다!'

당신이 원하는 경쟁력을 얻기 위해서는 무엇이든 묻고, 끊임없이 답해야 한다. 그래야만 시야가 넓어지고, 성장을 거듭할 수 있다. 물론 그 모든 성장의 문은 '생각'으로 통한다. 스스로 생각하고 일을 결정하고 해결해 나가는 사람들은 미래에 자신이 어느 정도의 위치에서, 어느 정도의 일을 해 나갈지 정확하게 예측한다. 자신의 삶을 스스로 결정할 수 있는 특권을 쥐고 있는 것이다.

◆ ◆ ◆

한 친구의 이야기이다. 그는 남들이 보기에 평범한 인생을 살아왔다. 초등학교 때부터 두세 개의 학원에 다녔고, 중학교 때부터는 영어 과외를 받았으며 방학 때는 단기 어학연수를 다녀왔다. 하지만 안타깝게도 그의 영어 실력은 그다지 뛰어나지 않다. 영어를 왜 배워야 하는지 목적을 정하지 않고 시작했기에 나타난 당연한 결과이다.

그는 공부에 흥미가 없었지만 부모님의 관심 아래 고등학교 시절 내내 괜찮은 성적을 유지했고, 서울에 있는 중상위권 대학에 입학했다. 그리고 군대에 다녀와 대학을 졸업한 뒤 여러 기업에 원서를 냈다. 하지만 간절히 원하던 대기업 입사에는 실패하고, 결국 눈을 낮춰 중소기업에 입사해 사회생활을 시작했다. 입사 3년 후, 생활이 어느 정도 안정됐다는 생각에 교제를 하던 여성과 결혼했고, 바로 아기를 낳아 33세가 되던 해에 아버지가 되었다. 그의 삶에 그 어떤 문제도 없어 보였다. 하지만 행복은 오래

가지 않았다.

그는 이제 30대 후반이 되었다. 중소기업은 대기업보다 진급이 빠르기 때문에 30대 후반이면 최소한 차장 혹은 부장직을 맡는다. 하지만 그는 6년째 과장에 머물러 있었다. 그는 매우 열심히 일했다. 주 5일제 근무이지만 가끔 주말에도 회사에 나와 일을 할 정도로 열심이었다. 그런데 이상하게 직장에서 좋은 평가를 받지 못했다. 그는 회사가 인력 감축이라도 하면 1순위로 구조조정을 당할 것 같다는 위기감이 들기 시작했다. 깊은 고민에 빠져 있던 그는 내게 고민을 털어놓았다.

"난 정말 열심히 일하고 있어. 그런데 대체 뭐가 문제인지 모르겠어. 이렇게 무너지면 안 되는데, 내 가정을 지켜야 하는데……."

그를 보니 마음이 아팠다. 나는 일주일 동안 매일 5시간씩 삼성 임원들이 생각하는 법을 그에게 전수해 주었다. 그렇게 몇 달이 흘렀다. 그는 좋은 소식을 전해 주었다. 만년 과장이었던 그가 차장을 건너뛰고 부장으로 특진했다는 놀라운 소식이었다. 그는 직장에서 승승장구하고 있으며, 게다가 경쟁 업체에서 자신을 스카우트하고 싶다는 제안도 받았다고 했다. 그는 최악의 상황에서 최고의 상황으로 탈바꿈할 수 있는 방법을 알려 준 내게 고맙다고 했다.

◆ ◆ ◆

    모임을 통해 매출 1,000억 원을 올리는 한 중소기업의 대표를 알게 되었다. 그는 매우 심각한 표정으로 내게 고민을 털어놓았다. 그의 이야기를 간단하게 정리하면 이렇다.
    그의 회사는 창립 이후 10년 동안 가파르게 성장하다가 지난 2년 전부터 주춤하고 있는 상황이었다. 당장 올해에는 매출이 900억 원대로 추락하게 될 위기였다. 그렇다고 200명의 직원이 열심히 일을 하지 않는 것도 아니었다. 평일에도 야근을 하고 주말에도 회사에 나와 일을 할 정도로 회사를 살리기 위해 노력했다. 하지만 안타깝게도 그런 노력이 회사의 매출에 영향을 주지는 못했다. 그는 어두운 표정으로 "방법이 없다"는 말만 연신 내뱉었다.
    나는 친구에게 했던 대로, 일주일 동안 매일 5시간씩 그에게 삼성 임원들의 생각하는 법을 전수해 주었다. 그리고 몇 개월 뒤, 그의 회사를 찾아갔다. 그의 표정은 굉장히 밝아져 있었다. 그는 내게 기적적으로 회사가 변하기 시작했다고 말했다. 내가 방문했을 때 직원들은 야근 중이었다. 직원들의 표정을 살펴보니 예전과 많이 달라져 있었다. 예전에는 고통스러운 표정을 짓고 한숨을 내쉬며 일했다면, 지금은 미소를 보이며 정말 즐겁다는 듯 자신의 역할을 다했다.

SAMSUNG EXECUTIVE HOW TO WORK

그들의 이야기가 알려지자 수많은 사람이 내게 자신에게도 삼성 임원들의 생각하는 법에 대해 들려 달라고 요청했다. 많은 기업체에서 그들을 변화시킨 방법에 대한 강연을 했고, 반응은 폭발적이었다. 그제서야 '한국의 직장인과 기업체를 이끌고 있는 대표들에게 삼성 임원들의 생각하는 법이 절실한 이야기일 수 있구나.'라는 생각이 들었다.

우리는 나름대로 열심히 살고 있지만, 삶은 한순간에 망가질 수 있다. 우리가 원하는 것은 그런 삶이 아니다. 그래서 더욱더 오늘에 집중해야 한다. 우리는 미래를 바꿀 수는 없지만, 미래를 바꾸기 위해 오늘을 바꿀 수는 있다. 하루하루를 바꿔 나가면 결국 미래도 바뀐다. 자, 이제부터 당신의 삶을 바꿀 이야기를 시작하려 한다. 준비가 되었다면 온전히 이 책에 집중하기 바란다.

김종원

Contents

| 프롤로그 | 생각하는 법을 바꾸면 당신의 미래가 바뀐다_004

삼성의 임원은 무엇이 다른가
PART 1

Chapter1 삼성의 임원은 우리가 가야 할 길을 알고 있다 _014

당신도 삼성을 원하는가 | 누구도 내일을 장담할 수 없다 | 내일을 걱정하지 않는 사람들 | 삼성의 임원은 무엇이 다른가 | 한국 경제를 뒤흔든 삼성의 임원 출신들 | 어떤 사람이 삼성의 임원이 되는가 | 직장인이라면 삼성의 임원처럼 | 삼성을 기준으로 삼아라 | 직장인의 변신은 불가피하다

Chapter2 삼성의 임원은 어떻게 일하는가 _054

삼성 임원의 마음가짐 | 일을 대하는 완벽한 태도 | 삼성의 임원처럼 태도를 바꿔라 | 스스로에게 최고의 삶을 선사하라 | 다른 사람의 말은 신경 쓰지 말라 | 탁월한 태도가 탁월한 내일을 만든다 | 일을 즐길 수 있는 세 가지 비법 | 삶의 원칙을 그대로 유지하라 | 비움이 진정한 내공을 만든다 | 자신의 일을 사랑하라 | 보이지 않는 부분까지 완벽하게 통제하라 | 내가 아닌, 나라와 세계를 생각하라

SAMSUNG EXECUTIVE HOW TO WORK

평생 사색하며 성장하는 독종이 되어라 PART 2

Chapter1 언제나 자신의 에너지를 최고치로 끌어올려라 _102

우리는 왜 어렵게 벌고, 어렵게 살아가는가 | 사막에서도 살아남을 수 있는 사람으로 거듭나라 | 끊임없이 자신을 변화시켜라 | 당신은 독종인가 | 시간을 정복하라 | 15시간 몰입의 법칙 | 자신의 일을 완벽하게 제어하라 | 창의력은 실천의 결과이다 | 내가 하고 있는 일의 가치를 찾아라 | 테크닉이 아닌 영혼이 숨 쉬게 하라 | 달성 가능한 목표가 아닌 원하는 목표를 세워라 | 마니아 수준으로 일을 즐겨라 | 최고의 하루를 보내는 다섯 가지 질문 | 스트레스 해소법 | 건강은 가장 중요한 재산이다

Chapter2 비약적인 성장을 위한 독서법 _160

책을 읽을수록 당신의 삶이 망가지는 이유 | 내 삶을 바꾸는 몰입 독서 | 글자를 읽지 말고 생각을 읽어라 | 독서는 사색으로 이어져야 한다 | 독서의 힘을 최고로 끌어올리는 완벽한 필사법 | 독서는 세상을 바꾸려는 강력한 열망이다

Chapter3 사색가의 심장과 눈을 가져라 _184

당신은 생각하고 있는가 | 고독을 반겨라 | 세상을 움직이는 SP 에너지 | 사색이 최고의 차별화이다 | 사색으로 직원을 관리하라 | 3년 동안 사람의 본성에 대해 사색하라 | 사색의 출발은 질문이다 | 감정을 완벽하게 통제하라 | 완벽한 사색을 원한다면 질문을 바꿔라 | 완벽한 사색을 방해하는 변명의 질문 | 최고의 사색을 완성하는 열 가지 습관

| 부 록 | 효과적인 사색을 위한 단계별 추천 도서_234
| 에필로그 | 당신의 가치를 스스로 결정하라_246

SAMSUNG
EXECUTIVE

PART 1
삼성의 임원은 무엇이 다른가

시간이 언제나 당신을 기다리고 있다고 생각하지 말라. 게을리 걸어도 결국 목적지에 도달할 날이 있을 것이라는 생각은 큰 잘못이다. 하루하루 전력을 다하지 않으면 결코 목표에 도달하지 못할 것이다.

_ 요한 볼프강 괴테

CHAPTER 1

삼성의 임원은 우리가 가야 할 길을 알고 있다

CHAPTER 1

당신도 삼성을 원하는가

2013년 3월, 어처구니없는 일이 발생했다. 철통 보안을 자랑하는 서울 강남의 한 고급 주상복합단지에 깔끔한 양복 차림의 한 남성이 등장해 보안요원에게 다가갔다.

"어떻게 오셨습니까?"

보안요원의 물음에 그는 이렇게 답했다.

"K사장님을 모시고 있는 사람입니다."

보안요원은 확인을 위해 인터폰으로 K사장의 집에서 일하는 가사도우미와 연결해 주었고, 그는 같은 말로 가사도우미를 속여 K사장의 집으로 들어가는 데 성공했다. 그는 당당하게 K사장의 부인을 찾았지만 마침 그녀는 외출한 상태였다. 가사도우미의 도움으로 부인과 전화 통화를 하게 된 그는 다급하지만 차분한 목소리로 이렇게 말했다.

"누군가 10억 원을 제시하며 당신을 납치하라고 하는데, 마음이 흔들립니다. 나는 당신을 납치할 수 없을 것 같습니다. K사장님 곁에 머물며 당신을 보호해 줘야 할 것 같다는 생각이 들어 집으로 찾아왔습니다."

PART1_삼성의 임원은 무엇이 다른가 : **015**

그들의 대화는 무려 30분이나 이어졌다. 부인은 그 남자가 자신에 대해 무척 자세히 알고 있다는 사실에 놀랐다. 당황한 부인은 잠시 고민하다가 경찰서에 신고한 뒤, 다시 그에게 전화를 걸어 "세 시간 뒤에 아파트 로비에 있는 커피숍에서 만나자."고 말했다. 결국 그는 커피숍에서 K사장의 부인과 함께 나온 경찰관에게 붙잡혔다. 조사 결과, 납치 자작극으로 밝혀졌다. 그런데 조금 이상하지 않은가. 그는 돈을 요구하지 않았다. 그렇다면 그는 왜 그런 어이없는 납치 자작극을 펼친 것일까?

이유는 간단했다. 그는 K사장이 한때 이건희 회장을 대리해 사실상 삼성을 이끈 인물이라는 데 주목했다. 그는 납치극 고발자가 되어 K사장의 환심을 산 뒤 삼성그룹에 취직하려는 계획을 세웠다. 아내를 노리고 있는 사람이 있다고 알려 주면, K사장이 고맙다고 사례를 할 것이고, 그러면 그때 삼성에 취직 자리를 부탁해야겠다고 생각한 것이다. 그 단순한 생각 바탕에는 '절실함'이 깔려 있었다. 도대체 삼성이 얼마나 대단하기에 자신의 인생을 걸고 납치 자작극까지 벌인 것인지 헛웃음이 나온다.

많은 사람이 이런 말을 내뱉으며 푸념을 늘어놓는다.

"이렇게 살아서 뭐해! 이렇게 살 바엔 죽는 게 나아."

하지만 인간에게 생존은 본능이다. 그렇다면 생존을 위해 필요한 것은 과연 무엇일까? 바로 '돈'이다.

당신은 어떤 방식으로 돈을 벌고 있는가? 돈을 벌 수 있는 방법은 매우 다양하지만 실제로 경제 활동을 하는 대부분의 사람은 직장에서 월급을 받으며 살아가고 있다. 우리가 주목해야 할 것은 어느 회사에 다니느냐에 따라 월급의 액수도, 복리후생도, 나를 바라보는 타인의 시각도 크게 달라진다는 사실이다.

　취업 준비생들에게 "어느 회사에 취직하고 싶습니까?"라고 물으면, 90% 이상이 삼성과 같은 대기업 혹은 탄탄한 중견기업에 취직하고 싶다고 말한다. 당연한 결과이다. 대기업이나 중견기업에 취업해야 이 세상을 뚫고 나갈 수 있다고 믿기 때문이다. 앞서 소개한 납치 자작극의 주인공 역시 그런 생각에서 어처구니없는 일을 벌인 것이다.

누구도 내일을 장담할 수 없다

　다들 멀쩡하게 잘 살아가고 있는 것처럼 보이지만, 많은 사람이 이런 고민을 하고 있다.

　'뉴스를 보면 경제는 발전하고 있다고 하는데, 나는 왜 이 모양일까? 내게도 좋은 날이 찾아오긴 할까?'

　우리나라의 국민소득은 2만 달러를 넘어섰다. 과거에는 2만 달러 시대가 오면 정말 풍족하게 살 수 있을 것이라 생각했다. 그런데 현실은 어떤가? 지금의 상황을 보면 좋은 날은 영원히 찾아오지 않을 것만 같다. 우리나라의 국민소득은 매년 사상 최대를 기록하고 있고, 1인당 국민소득은 10년 동안 두 배 가까이 늘었다. 그렇다면 여기서 질문 하나를 던진다.

　"당신은 10년 전에 비해 두 배 이상 잘 살고 있는가?"

　이에 대한 답을 평범한 35세 직장인의 하루를 통해 살펴보도록 하자. 그는 입사 5년 차의 대기업 대리이다. 결혼을 해서 아이도 있고, 대출을 받아 집도 한 채 샀는데 월급은 오를 생각을 하지 않고 있다. 초기에는 맞

벌이를 했지만, 아이를 육아 시설에 맡기며 드는 비용과 정신적인 스트레스를 따져 봤을 때 일을 그만두는 것이 낫겠다고 생각해 아내는 전업주부가 되었다.

오늘도 그는 아내에게 용돈 만 원을 받아 출근했다. 왕복 지하철비를 내고, 점심 식사를 하고 나면 커피 한 잔 마실 돈도 남지 않는다. 퇴근 후에 친구들과 간단하게 술이라도 한잔하려면 약속 며칠 전부터 점심 식사 비용을 줄여 돈을 모아야 한다.

과연 이게 행복한 삶일까? 편의점 도시락을 먹는 직장인, 회사 근처의 싸고 좋은 식당을 찾아다니는 직장인이 기하급수적으로 늘어나고 있다. 우리나라는 성실과 절약을 통해 국민소득 2만 달러 시대를 맞이했지만 한국의 직장인들은 지출을 줄이고, 또 줄이고 있다. 무조건 아끼는 것만이 정답이 아니다. 이렇게 100년의 시간이 지나도 우리의 생활은 나아지지 않을 것이 분명하다. 아무리 아끼며 살아도 당장 내일을 걱정해야 하는 우리의 현실이 그것을 증명하고 있지 않은가.

더 중요한 문제는 따로 있다. 우리의 노후를 생각해 보자. 수명은 길어지고 퇴직은 빨라지는 위험한 상황이다. 앞서 소개한 35세 직장인의 삶으로 다시 돌아가 보자. 그의 가족은 그의 월급에서 이것저것 제하고 나면 남는 50만 원을 저축하며 살고 있다. 10년이면 원금만 6천만 원이 된다. 이 돈으로 행복한 미래를 꿈꿀 수 있다고 생각하는가?

부모님이 노후를 준비해 놓아 따로 용돈을 챙겨 주지 않아도 되는 상황이라면 그나마 다행이지만 그렇지 않다면 그의 가정은 아주 빠르게 난관에 빠질 것이다. 매달 50만 원을 지출하다가 갑자기 100만 원을 지출하게 된다면 어떻게 될까? 그런 상황은 일어나지 않을 것이라고? 하지만 그 누구도 미래에 일어날 일을 장담할 수 없다. 만약 그런 상황이 일어나면 부족한 돈을 채우기 위해 대출을 받거나 그동안 죽어라 모아 놓은 돈을 사용해야 할지도 모른다.

생활비를 줄이면 된다고? 생활비 중에서 줄일 수 있는 부분이 있을까? 대부분의 가정이 그러하듯 그들 역시 낭비를 하지 않고 있다. 현재 35세, 길게 잡아 25년 뒤면 정년이다. 평균 수명을 감안하면 20년을 특별한 소득 없이 살아야 한다. 연봉이 갑자기 200%가 올라 연봉의 100%를 저축하는 특별한 반전이 없는 한, 그들 가정의 미래는 매우 절망적이다. 미안한 말이지만 새벽부터 일어나 폐지를 줍는 노인이 20년 후 당신의 모습일 수도 있다.

물론 답은 있다. 우선, 국가에서 직장인의 정년을 보장해 주면 된다. 그로 인해 자연스럽게 국민연금 고갈을 막을 수 있다. 또한 기업이 상생의 자세를 가져야 한다. 지금보다 이윤을 조금 덜 가져가고, 이윤을 직장인의 월급을 올리는 데 사용해야 한다.

하지만 그것이 정말 최선일까? 중요한 것은 위에 제시한 두 가지 대비책은 내가 할 수 있는 일이 아닌, 남이 해 주어야 하는 일이라는 점이다. 한 번뿐인 소중한 인생을 남의 손에 맡길 것인가? 남이 당신을 위해 노력해 줄 것이라 생각하는가? 가장 안전하고 정확한 방법은 스스로 준비하는 것뿐이다. 다른 사람의 이야기를 들을 필요가 없다. 국가가 나를 위해 무언가를 해 주면 좋겠지만, 해 주지 않아도 상관없다는 마음가짐으로 인생을 살아야 한다. 연금에 기댈 생각은 하지 말라. 어떻게 될지도 모르는 연금을 월급이라고 생각하며 현재를 사는 순간, 당신의 미래는 당신의 손을 떠난 것과 다름없다.

물론 연금은 우리가 지불한 만큼 받아야 한다. 하지만 미래는 알 수 없다. 자신이 낸 세금의 가치만 주장하며 연금만 잡고 늘어지는 것은 당신을 삶을 풍요롭게 만들지, 그 반대가 될지 삶을 바꿀 중요한 사항을 국가에 맡기는 것과 다름없다. 하나만 기억하라. 사람은 결코 다른 사람을 위해 일하지 않는다.

여기 또 한 명의 직장인이 있다. 50대인 그는 자신의 첫 회사인 굴지의 대기업에서 20년 이상 일하고 있다. 그의 별명은 '만년 부장'이다. 실제로 그는 부장이 된 이후 오랜 기간 임원으로 진급하지 못한 상태이다. 최근 그는 무척 난감한 상황에 봉착했다. 명예퇴직 신청자 명단에 이름이 오른 것이다.

지금부터 하는 이 사람의 이야기가 당신의 이야기라고 생각하고 감정이입을 해 보도록 하라. 사실 그리 먼 미래도 아니다. 당신이 서른 살이라면 20년 후에, 마흔 살이라면 10년 후에 맞이할 상황일 수도 있다. 아니, 어쩌면 당장 내일이라도 닥칠 수 있는 상황이다. 만약 그처럼 50세가 넘어 이런 상황을 맞는다면, 지금까지 잘 버텨 온 것만도 다행이라고 생각해야 할 것이다. 그 역시 지난 10여 년 동안 명예퇴직을 당한 선후배들의 어려운 상황을 보면서 아직 직장 생활을 하고 있다는 데 행복을 느꼈다.

자, 이제 최대한 몰입해서 상상해 보라. 이제 당신에게도 때가 찾아왔다. 회사에서는 이달 말까지 명예퇴직 신청서와 사직서를 제출하라는데, 제출하자니 정말 명예퇴직을 당할 것만 같고, 내지 않고 버티자니 인사고과에 불이익을 받을 것 같아 혼란스럽다. 물론 명예퇴직이 결정되면 2년 치 보수를 수당으로 지급받는다. 하지만 그 정도의 보수는 앞으로 살아갈 인생 전체를 놓고 볼 때 큰 도움이 되지 않는다.

이것은 기분 나쁜 소설이 아니다. 피할 수 없는 현실이다. 나 역시 마흔 살이 되지 않았음에도 명예퇴직을 당한 친구들을 많이 봐 왔다. 그들은 열심히 구직 활동을 하고 있지만 이제 곧 40대에 진입하는 그들을 맞아 줄 직장은 많지 않다. 그들은 여전히 실업자 신세를 면하지 못하고 있거나 과거에 받던 월급의 반 정도만 받고 회사에 재취업해 고단한 생활을 하고 있다.

이제 40대에 들어선 직장인들은 언제 명예퇴직을 당할지 모른다는 불안감 속에서 살아가고 있다. 40대라면 한창 일을 해야 할 시기이다. 부양할 가족이 많기 때문에 더욱더 많은 돈이 필요한 것이 사실이다. 그런데 퇴직이라니! 이 시대의 40대는 불안감에 떨고 있다. 20년간 일하고 명예퇴직을 한 사람의 이야기, 10년간 일하다 명예퇴직의 위기에 놓인 사람의 이야기……. 모두 남의 이야기가 아니다.

명예퇴직, 솔직히 이는 말이 되지 않는 단어이다. 평균 수명이 늘어나 80세가 넘어도 정정하게 살아가는 이 시대에 인생의 절반 정도밖에 살지 못한 사람들이 퇴직을 해야 한다니! 대체 앞으로 어떻게 살란 말인가. 이런 문제 때문에 "나는 도대체 앞으로 어떻게 해야 할지 정말 모르겠다."고 말하며 조언을 구하는 사람이 많다. 그럴 때면 나는 이렇게 말한다.

"사양 산업은 있어도, 사양 개인은 없다."

내일을 걱정하지 않는 사람들

모두가 내일을 걱정하며 아슬아슬한 오늘을 살아가고 있는 것은 아니다. 여기, 앞서 소개한 직장인과 전혀 다른 삶을 살아가는 사람이 있다. 50대 초반인 그는 한 기업의 10년 차 임원이다. 25년 이상 그곳에서 열심히 일해 왔기 때문에 달콤한 인생을 보상받고 있다. 회사에서 고급 승용차를 제공해 준 것은 물론 운전기사도 따로 배정해 주었다. 그는 자신의 직장에 굉장한 자부심을 가지고 있으며, 직장 생활도 즐겁게 하고 있다. 자신의 말 한마디에 밑에 있는 팀장과 그 이하 직원들이 일사불란하게 움직인다.

물론 임원이 되면 가장 좋은 것은 월급이다. 직장인들이 모이면 반드시 하는 이야기가 있다.

"너희 회사 연봉은 어느 정도니?"

"네가 일하는 분야의 연봉은 보통 어느 정도니?"

직접적으로 연봉을 묻고 싶은데, 실례가 될 것 같아 우회적으로 묻는 것이다. 이때 많은 직장인이 자신의 연봉을 약간 부풀려서 말한다. 실제로 한 조사에서 직장인들이 명절에 하는 거짓말 1위가 '연봉 뻥튀기'라고 한다. 직장인에게 연봉은 자신의 가치를 말하는 척도이기 때문에 그만큼 민감하다. 어쩌면 자신의 자존심이 걸린 문제이기도 하다.

그렇다면 과연 임원들의 연봉은 어느 정도일까? 그들의 연봉은 왜 임원이 되어야 하는지를 알려 주는 가장 큰 자극제라고도 할 수 있다. 물론 모든 대기업의 임원들이 엄청난 연봉을 받는 것은 아니다. 기업에 따라 차이가 극명하다. 단연 최고의 연봉을 받는 곳은 국내 최고 대기업인 삼성이다. 2013년 기준, 초임 상무의 연봉은 대략 2억~3억 원 정도이고, 3년 차 이상의 상무가 되면 3억~5억 원으로 훌쩍 뛴다. 이 정도로도 충분히 놀랍지만, 사실 삼성의 임원들에게 연봉은 큰 의미를 차지하지 않는다. 바로 다양한 성과급 때문이다. 성과급을 두둑하게 받은 임원들의 실수령액은 위에서 언급한 기본급의 두세 배에 달한다. 연봉보다 성과급이 더 많은 것이다. 이처럼 보수가 후하니 삼성에서 전무를 맡으면 본인 노후가 해결되고, 부사장 이상을 맡으면 자식이 먹고살 것까지 해결된다는 말이 나오는 것이다.

전체 기업의 평균을 낸 결과 2011년 기준, 삼성그룹(17개 상장사) 등기 임원(52명)의 평균 연봉은 21억 4,000만 원으로 한국에서 가장 높았다. 삼성의 뒤를 잇는 2, 3, 4위 기업의 평균 연봉을 합쳐야 비로소 삼성과 어깨를 나란히 할 수 있을 정도로 격차가 엄청나다.

여기서 끝이 아니다. 삼성의 임원이 되면 일반 직원에 비해 16가지의 처우가 달라진다. 해외 출장이 워낙 잦기 때문에 특별히 임원들만 사용할 수 있는 공항 사무실이 마련되어 있다. 그곳에서는 인터넷 사용이 가능하고, 간단한 간식도 제공된다. 업무를 위해 다양한 편의가 제공되고 있는데, 이것은 일부일 뿐이다.

삼성 계열 회사가 엄청나게 많은 것을 생각하면 대충 짐작이 될 것이다. 세계 어디에도 삼성의 손이 뻗어 있지 않은 곳이 없다. 이건희 회장은 최고가 되기 위해서는 직접 최고의 경험을 해 봐야 한다고 생각하고 임원들에게 아낌없이 후원한다. 그로 인해 삼성의 임원들은 더 많이 경험하고 더 많이 공부할 수 있는 것이다.

삼성 임원들의 생활! 상상만 해도 가슴 떨리지 않는가? 하지만 무언가 불공평하다는 생각이 들기도 한다. 나는 삼성의 임원들에 대해 조사하며 직장인의 현실이 불공평하다는 생각을 버릴 수 없었다. 물론 그들은 엄청난 스트레스를 받으며 최선을 다해 일한다. 하지만 열심히 일하는 사람이 어디 그들뿐이겠는가? 지금 이 책을 읽고 있는 바로 당신, 이 시대를 살고 있는 수많은 직장인이 모두 열심히 일하고 있지 않은가? 어제도 제때 퇴근하지 못하고 늦은 시간까지 야근했고, 오늘도 새벽부터 출근해 열심히 일하고 있지 않은가.

그렇다면 왜 누구는 평생 내일을 걱정하며 살아가는 것이고, 누구는 평생 돈 걱정 없이 살아가는 것일까?

삼성의 임원은 무엇이 다른가

1970년대 후반, 패기 넘치는 20대 후반의 청년들이 삼성에 입사했다. 하지만 그들의 패기는 얼마 되지 않아 싸늘하게 식어 버렸다. 왜 그런 것일까. 당시 신입사원은 모두 이런 불만을 가지고 있었다.

'왜 상사들은 우리에게 일을 가르쳐 주지 않는 것일까?'

실제로 당시 사무실에서는 신입사원들에게 제대로 일을 가르쳐 주는 상사도, 관심을 가져 주는 상사도 없었다. 그들은 대부분 명문대를 졸업한 인재들이었기 때문에 얼마든지 다른 회사를 선택할 수 있었다. 그들은 이런 고민을 하기 시작했다.

'내가 회사를 잘못 들어온 게 아닐까?'

하지만 그중에 사내 분위기에 휩쓸리지 않고, 스스로 일을 배우기 위해 다양한 방법으로 공부하는 신입사원이 있었다. 그는 일을 완벽하게 배우기 위해 회사에 야전침대까지 가져다 놓았고, 일과가 끝나면 책상 옆에 쌓아 둔 책을 읽으며 본격적으로 공부했다. 그는 언제나 회사에서 가장 늦게 퇴근했다.

'이상한 신입사원이 입사했다!'

사내에 그에 대한 소문이 퍼지지 않을 수 없었다. 하루는 몇 명의 상사가 그에게 다가가 이렇게 물었다.

"왜 그렇게 열심히 일을 배우는 거지?"

그러자 그는 조용하면서도 자신 있는 목소리로 이렇게 답했다.

"사장이 되고 싶습니다!"

매우 강력한 말이었지만, 상사들은 그의 말에 웃음을 보일 뿐이었다. 그렇게 몇 달이 흘렀다. 사내에서 엄청난 변화의 흐름이 감지되었다. 무슨 일이 생기면 동기들뿐 아니라 상사들이 가장 먼저 그를 찾았다. 회사에 빨리 처리해야 하는 중요한 일이 생길 때마다 그가 스스로 손을 들고 나섰기 때문이다. 물론 손만 든다고 모든 일을 처리할 수 있는 것은 아니다. 그가 맡은 대부분의 일은 신입사원이 처리하기에는 상당히 어려운 일이었지만 자신의 일을 지독하게 공부한 결과가 그 일들을 가능하게 만들어 주었다. 그는 결국 입사 1년도 되지 않아 회사에서 '소방수'로 불리게 되었다.

그는 승승장구했다. 세월이 흘러 15년 뒤, 그는 부장이 되었고, 자신의 미래를 결정해야 했다. 연말 정기 인사를 앞두고 비서실 임원이 그를 불러 희망 회사를 물었다. 그는 큰 고민 없이 이렇게 대답했다.

"지금 있는 곳에서 계속 일하겠습니다."

그는 조직에서 인정을 받고 있었기 때문에 충분히 비전이 있는 다른 계열사로 이동해 일할 수 있었지만 15년 이상 자신의 열정을 쏟아부은 곳에 남기를 원했다. 결국 그는 그곳에 남아 열심히 일한 끝에 노력을 인정받아 간절히 원하던 사장이 되었다. 신입사원 시절에 자신이 외쳤던 목표를 이룬 것이다.

사장이 되는 방법은 누가 가르쳐 주어서 얻을 수 있는 것이 아니다. 더욱이 삼성과 같은 대기업에서 사장이 된다는 것은 하늘도 감동할 만한 노력이 수반되지 않으면 불가능하다. 그는 신입사원들이 현재의 상황에 불만을 가지고 안주할 때 상사를 감동시켰고, 하늘을 감동시켰다. 하지만 무엇보다 중요한 것은 자기 자신을 감동시켰다는 사실이다. 하루하루 자신에게 감동하며 사는 사람의 내일은 특별할 수밖에 없다.

물론 이렇게 말하며 그의 노력을 폄하하는 사람도 있었다.

"누가 그 노력을 알아주기나 해?"

"괜히 죽어라 일하면 결국 나만 손해야."

"회사만 좋은 일시키고 나만 바보처럼 도태되는 것 아니야?"

분명히 말하지만, 제3 카메라는 있다. MLB에서 활약하고 있는 류현진 선수 역시 마찬가지이다. 그는 지금 LA다저스에서 에이스로 활약하고 있지만, 한국에서 보낸 프로 생활은 그렇게 행복하지 않았다. 최약체에서 고생을 하면서도 승을 쌓지 못해 많은 팬이 안타까워했다. 하지만 그는 10년 가까이 그런 생활을 하면서도 자신의 야구 실력을 향상시키려는 노력을 멈추지 않았다. 그 결과, 현재 세계 최고의 MLB에서 최고의 시즌을 보내고 있다. 그저 운일까? 아니다. 최근 한 인터뷰에서 LA다저스 단장은 이렇게 말했다.

"나는 류현진이 18세일 때부터 그를 지켜보았다."

그는 무려 8년 동안 류현진을 관찰하며 그에게서 다음과 같은 장점을 발견했다.

- 류현진은 경쟁심이 강하고 경기 중간에 상대 타자에 맞춰 변화를 주는 데 능하다.
- 류현진은 경쟁을 통해 도약하는 데 탁월한 능력을 가지고 있다.
- 류현진은 유머에 능하다. 따라서 팀이 어려운 상황에서도 낙망하지 않고 선수들과 화합해 8년이라는 시간을 잘 보낼 수 있었다.

LA다저스 단장의 예측은 정확히 맞아떨어졌다. 미국 진출 초기 그는 5선발 경쟁에서도 밀린다는 분석이 많았다. 하지만 그는 경쟁을 통해 성장하여 지금은 3선발 자리를 꿰차고 있다. 또한 비록 영어가 서툴러도 팀에서 가장 인기가 많은 선수 중 한 명으로 손꼽힌다.

당신만 잘하면 당신을 원하는 곳은 엄청나게 많다. 혹시 당신은 잘하고 있는데 조직이 전체적으로 실력이 떨어져 자신이 묻힌다고 생각하고 성장을 포기하지는 않았는가? 제3 카메라는 당신의 바닥난 열정까지도 찍고 있다. 모든 노력은 오로지 당신을 위한 것이며, 세상이 당신을 지켜보고 있다는 사실을 잊으면 안 된다.

게다가 세상은 언제나 불경기이다. 아주 단기적으로 경기가 조금 좋아진 적은 있지만, 장기적으로 지난 10년 동안 경기가 좋았다는 이야기를 들어본 적이 없다. 불행한 것은 앞으로도 희망적인 소식은 들리지 않을 것 같다는 것이다. 세상의 불경기를 우리가 어떻게 할 수는 없다. 하지만 개인의 불경기는 충분히 이겨 낼 수 있다. 이제는 경기가 좋아지기를 기대하는 것보다 개인이 스스로 자신의 경쟁력을 갖추고 세상의 벽을 뚫고 나가야 한다.

이 책은 바로 그런 자세가 되어 있는 바로 당신을 위한 책이다. 나는 검색만 하면 수두룩하게 나오는 얄팍한 직장 처세술을 이 책에 담을 생각이 없다. 얄팍한 처세술로는 이 세상에서 그 무엇도 할 수 없다. 정말 중요한 것은 본질이다.

그렇다면 삼성 임원 개개인의 경쟁력은 어디에서 나오는 것일까. 그 경쟁력의 근본을 아는 것이 중요하다. 그들이 어떤 성과를 올리며 승승장구하고 있는지는 그다지 중요하지 않다. 어떻게 그런 능력을 가질 수 있었고, 어떻게 하면 그 능력을 배워 우리들의 삶에 적용할 수 있을지, 그것이 바로 핵심이다.

한국 경제를 뒤흔든 삼성의 임원 출신들

- CEO 사관학교 삼성 출신 133명이 年47조 원 매출 올려 _〈동아일보〉
- 상장사 창업, 삼성 출신이 가장 많아 _〈노컷뉴스〉
- 농심, 전략기획실장 외부 수혈… 삼성 출신 김경조 부사장 _〈한국경제〉
- 미래부 장관에 '삼성 CEO 출신 3인방' 거론 _〈동아일보〉
- 태광산업, 삼성 출신들 영입 '조직 개편' _〈한겨레신문〉
- 삼성=CEO 사관학교… 5대 그룹 출신 118개 기업 창업 _〈문화일보〉
- 삼성 출신 CEO IT 업계 전방위 진출 _〈조선비즈〉
- '몇 년 쉬어도 OK' 금융계도 삼성 출신 CEO 영입 붐 _〈동아일보〉

삼성의 임원들은 내부에서만 승승장구하는 것이 아니다. 터치 솔루션 기업인 멜파스의 이봉우 사장은 삼성전자에서 전략 실무를 담당한 잘나가던 임원이었다. 하지만 그는 새로운 도전을 위해 사표를 내고 멜파스의 신임 사장으로 부임했다. 그 당시 멜파스는 보잘것없는 중소기업이었기 때문에 주변에서는 그의 선택에 걱정을 내비쳤다. 하지만 기적이 일어났다. 그가 사장으로 부임한 이후 멜파스의 연매출이 5년 만에 1,000배 이상 성장한 것이다.

카메라모듈과 안테나를 만드는 이동통신용 부품 제조 업체인 파트론에도 기적이 일어났다. 파트론의 김종구 사장은 삼성전기 부사장 출신으로, 재임 중 적층세라믹콘덴서(MLCC) 사업을 성공시켜 삼성전자를 세계에서 손꼽히는 기업으로 발전시키는 데 기여한 인물이다. 그는 삼성전기의 부사장 자리를 박차고 나와 파트론을 설립했다. 현재 파트론은 코스닥

시가총액 순위 12위 자리를 꿰차고 있다. 파트론의 2012년 영업이익은 2011년 대비 57.65% 늘어난 1,340억 원, 매출액은 56.69% 늘어난 1조 2,402억 원을 기록하며 급성장했다.

창업이란 것이 참으로 어렵다고 하는데 왜 삼성 임원 출신의 창업 성공률은 높은 것일까? 게다가 그들이 하는 창업은 식당이나 커피숍이 아닌 규모가 엄청나게 큰 기업을 운영하는 일이다. 그들은 과연 어떤 노하우를 가지고 있는 것일까?

1997년, 삼성SDS는 새로운 실험을 했다. 자유롭게 아이디어를 가지고 사업을 시작할 수 있는 '사내 벤처'를 만들어 회사 속의 회사를 운영하기로 결정한 것이다. 다양한 아이디어를 가지고 시작한 사내 벤처 가운데 유독 눈에 띄는 회사가 있었다. 바로 '네이버컴'이라는 회사였다. 그렇다. 당신이 예상한 대로 '네이버컴'은 지금의 '네이버'이다. 당시 2년 동안 이 회사를 운영하던 이해진 현 NHN 의장은 네이버컴의 시장성을 확신하고 삼성SDS에서 상당 부분 출자를 받아 창업을 해 보기로 결심했다.

처음부터 네이버가 성공을 거둔 것은 아니다. 많은 사람이 네이버를 이용했지만 수익이 거의 발생하지 않았다. 돈이 될 수 있는 장치가 필요했다. 그때 네이버에 힘을 불어넣어 준 사람이 바로 삼성SDS 입사 동기였던 김범수 당시 한게임 대표이다. 두 사람은 힘을 합해 서로의 약점을 보완했다. 온라인 게임 업체 한게임은 수익 모델은 있었지만 방문자가 부족했다. 네이버와 한게임은 합병해 NHN이 되었고, 그 효과는 상상 이상이었다. 네이버의 방문자가 한게임 사용자가 되었고, 한게임이 버는 돈은 네이버의 검색 기술을 발전시키는 데 투자되었다. 창업 13년 후인 2012

년, 국내 최대 인터넷 기업 NHN은 매출 2조 3,893억 원, 순이익 5,456억 원을 올리는 공룡 기업이 되었다. 두 명의 삼성 출신이 모여 엄청난 성과를 만들어 낸 것이다.

1994년, 한 중년의 남자가 사표를 냈다. 그는 1979년부터 15년 동안 삼성전자에서 일하며 정보통신 부서에서 사업부장까지 올랐다. 그는 사업부장을 맡아 일한 3년 동안 매년 1,500억 원의 매출을 올리며 승승장구했다. 부서 인력만 500명이 넘었으니 부서에서는 사장이나 다름없었다. 게다가 그는 기술 개발, 생산, 마케팅, 영업 등 모든 것을 책임졌다. 이 이야기의 주인공은 바로 골프존의 김영찬 대표이다.

그가 새로운 사업에 대한 단서를 찾게 된 것은 1990년이었다. 삼성전자에서 부장이 되면서 골프를 처음 배운 그는 친분이 있는 사람들에게 골프를 가르쳐 주며 사업의 실마리를 찾았다. 그에게 레슨을 받고 처음 필드에 나간 사람들의 공통적인 말이 결정적이었다. 그들은 백이면 백, 이렇게 말했다.

"김 부장, 내가 오늘 어떻게 골프를 쳤는지 잘 모르겠어. 기억이 잘 나지 않아."

그는 매일 이런 생각에 빠져 지냈다.

'연습장에서 바로 골프장으로 가는 것은 무리야. 중간에 필드를 대신할 수 있는 연습 장치가 있으면 좋을 것 같은데, 뭐가 있을까?'

그렇게 고민한 끝에 생각한 아이템이 골프 시뮬레이터이다. 당시 골프 시뮬레이터는 주로 타구 분석용으로 사용되었고, 일류 연습장이나 고급

PART1_삼성의 임원은 무엇이 다른가 : 031

호텔 피트니스센터에만 있었다. 한 대 가격이 1억 원이 넘었지만 잔고장이 많아 이용자가 적을 정도로 가격에 비해 상당히 엉성한 제품이었다. 그는 직감적으로 이런 생각을 했다.

'제대로 기계를 만들어 실내 골프연습장에 공급하면 사업이 되겠다.'

그는 생각을 바로 실천에 옮겨 2000년 5월 8일, '골프존'이라는 사명으로 대덕연구단지에 작은 사무실을 냈다. 직원은 그를 포함해 5명이었다. 회사를 설립하고 1년 6개월 정도 되었을 때 첫 번째 제품을 내놓았다. 그리고 2001년 12월에 경기도 안산의 한 골프 야외연습장에서 골프 시뮬레이터를 테스트했다.

경쾌한 소리와 함께 첫 티샷이 날아갔다. 비록 공은 앞에 설치된 스크린을 맞고 떨어졌지만 화면 속 공은 멈출 줄 모르고 나무와 벙커를 지나 페어웨이로 날아갔다. 230미터 정도 날아갔을까? 힘을 잃은 공이 필드에 떨어지자 사람들의 입에서 탄성이 터져 나왔다.

골프존의 첫 티샷과 성장은 이렇게 시작되었다. 2012년도 골프존의 매출과 영업이익은 전년 대비 각각 31.7%, 39.7% 증가하며 각각 2,763억 원, 740억 원을 달성했다. 5명의 직원으로 시작한 골프존은 현재 가장 미래가 기대되는 중소기업 중 하나로 손꼽히고 있다.

삼성 출신이 이렇게 기업만 훌륭하게 운영하고 있는 것은 아니다. 2012년 조사 결과, 앞서 소개한 NHN의 창업주인 이해진 의장은 5대 그룹(삼성, 현대, LG, 대우, SK) 출신 상장사 오너 중 최고 주식부자로 선정되었다. 이해진 의장은 현재 4.64%의 지분을 가진 NHN의 1대 주주로, 총 223만 5,283주를 보유하고 있다. 그가 가진 주식의 가치는 2012년 말

기준으로 5,510억 원 정도로 평가되고 있다. 3위는 앞서 소개한, 1,308억 원의 주식을 가지고 있는 삼성전자 출신 파트론의 김종구 대표가 차지했다. 6위 역시 삼성 출신이 차지했는데, 바로 앞서 소개한 골프존 김영찬 대표이다. 6위 안에 삼성 출신의 이름이 3명이나 올라가 있다. 그들은 모두 일반 직장인 연봉으로는 절대 도달할 수 없는, 천억 원 이상의 주식을 보유하고 있는 한국의 부자들이다.

  삼성은 채용 때부터 우수한 인력을 발굴하기 위해 노력한다. 이때 말하는 우수함이란 보통 기업들이 요구하는 스펙이 아니다. 삼성의 절대적인 채용 기준은 바로 인성과 가치관이다. 신입사원도 이러하니 임원들은 어떻겠는가. 임원 선정 역시 특별하다. 장점이 많은 사람이 삼성의 임원이 되는 게 아니라, 단점이 없고 인격적으로 완벽한 사람이 임원의 위치에 오를 수 있다. 따라서 삼성의 임원들은 이직 시장에서도 인기가 상당히 높다.

  2012년 말, 원전 '짝퉁 부품' 사태 등으로 홍역을 치른 한국수력원자력도 삼성 출신 임원을 수혈하며 대대적인 인사 쇄신에 나섰다. 한국수력원자력이 외부 인사를 원전 본부장으로 영입한 것은 처음 있는 일이다. 비리를 용납하지 않는 삼성 출신의 임원들을 영입하며 짝퉁 부품 사태가 다시는 일어나지 않게 만들겠다는 의지로 볼 수 있다.

  실제로 매출액 10위권 안에 드는 거대 금융기업에서 삼성 출신 CEO를 영입한 곳이 상당히 많다. 이 중 신은철 한화생명 대표는 삼성생명 인사부장과 인사담당 이사를 거쳐 삼성인력개발원 부원장을 지낸 인사 분야 전문가이다. 그는 2002년에 대한생명 고문으로 영입된 뒤 2005년부터 대표이사 부회장직을 맡고 있다.

메리츠종금증권은 채권 전문가로 삼성증권 상무를 지낸 김용범이 대표이사를 맡고 있다. 산은금융지주는 삼성증권에서 IR 담당 부사장을 지낸 주우식을 수석 부사장으로, 산은금융의 계열사인 KDB생명도 삼성생명 인사팀장 출신인 조재홍을 사장으로 영입했다. 이남우 토러스투자증권 영업총괄대표도 삼성증권 리서치센터장 출신이다.

넥센타이어 이현봉 대표이사 부회장은 삼성전자 생활가전 총괄사장 출신이며, 이전 CEO였던 홍종만 넥센타이어 회장 역시 삼성코닝정밀유리 사장 출신이다. 넥센타이어는 홍종만 회장이 CEO를 맡았던 2009년에 매출 9,662억 원, 순이익 1,143억 원의 실적을 올렸고, 이현봉 대표가 맡은 2012년에 매출액 1조 7,006억 원, 영업이익 1,769억 원의 실적을 올렸다. 삼성 출신의 두 대표가 넥센타이어를 최고의 기업으로 만들었다고 해도 과언이 아니다.

어떤 사람이 삼성의 임원이 되는가

- 삼성 공채 10명 중 4명이 지방대 출신 _**〈동아일보〉**
- 삼성전자 임원, 지방·전문대·고졸 출신이 'SKY' 출신보다 많아 _**〈국민일보〉**
- 여군 장교 출신 2명 삼성전자 특별 채용 _**〈매일경제〉**

위의 기사를 보면, 도대체 삼성은 어떤 사람을 뽑고, 어떤 사람이 임원이 되는 것인지 짐작이 되지 않는다. 일단 두 단계를 뛰어넘는 발탁 인사 대상자는 전체 승진자의 2% 안팎이다. 삼성이 발탁 인사를 할 때 중요하게 생각하는 것은 다음 두 가지 조건이다.

- 인사고과 때 3년 연속 A등급 이상을 받아야 한다.
- 업적 기여도가 탁월해야 한다.

이것이 전부가 아니다. 업무 자세, 대인관계, 조직관리 능력, 사업 실패 사례 등도 평가 대상이다. 심지어는 사생활에서도 결격사유가 없는지 조사한다. 그만큼 철저히 검증된 인물이 선발된다는 뜻이다. 이런 이유로 많은 사람이 이렇게 말하곤 한다.

"삼성에서 임원이 되는 것은 장관이 되는 것보다 어렵다."

또 한 가지 중요한 것은 삼성 입사지원서에는 출신지를 기록하는 공간이 없다는 사실이다. 지연, 학연, 인연, 즉 3연의 배격을 인사의 오랜 전통으로 삼고 있다. 고 이병철 선대 회장의 조카가 그룹 공채에 응시했다가 성적 미달로 가차 없이 잘린 전례가 있을 정도이다.

이쯤 되면 더욱 궁금해지지 않는가? 대체 어떤 사람들이 장관이 되는 것보다 더 어렵다는 삼성의 임원이 되는 것일까? 나는 최근에 삼성에 대한 놀라운 사실을 하나 알게 되었다. 국내 4대 기업을 꼽으라고 하면 대부분 어렵지 않게 '삼성, 현대, SK, LG'를 거론한다. 그렇다면 여기서 질문 하나를 던진다. 이들 4대 기업의 임원들은 어느 학교를 졸업했을까? 궁금하지 않는가?

나는 2011년 한 신문에서 발표한 자료를 통해 4대 기업에서 일하고 있는 임원들의 출신 대학을 알 수 있었다. 물론 내 눈은 가장 먼저 삼성으로 향했다. 많은 언론과 사람들이 이렇게 말하곤 한다.

"삼성에는 비리가 많다."

"삼성은 공정하지 못하다."

그것이 사실인지 직접 확인해 보고 싶었다. 비리가 많고 공정하지 않다면, 임원들의 출신 대학에는 어떤 공통점이 있어야 한다. 하지만 예상과 다르게 삼성의 임원은 서울대와 연세대, 고려대를 표현하는 SKY 출신이 25.39%로 4대 그룹 중 최저를 차지했다.

놀라운 사실은 여기에서 그치지 않았다. 삼성에는 지방대 출신만 많은 게 아니라, 다른 기업에 비해 고졸 출신의 임원도 가장 많았다. 결국 온갖 비리의 온상으로 꼽히는 삼성이 상대적으로 학연이나 지연 등 파벌에 따른 인사가 적다는 것이다.

이처럼 부정은 있어서도 안 되고, 있을 수도 없다는 것이 삼성의 기업 문화이다. 부정에 대해 삼성은 거의 결벽 증세를 보인다. 고 이병철 선대 회장 때부터 그랬다. '삼성' 하면, '부정감사'가 떠오른다는 말이 있을 정도이다. 국가기관에서도 배워야 한다는 말까지 나올 정도로 삼성은 부정을 적발하는 데 철두철미하다.

결과적으로 삼성의 인사에 부정이 있을 것이라는 생각은 기우였다. 지방대 출신과 고졸 출신 임원이 가장 많은 것을 보면 삼성은 가장 학력과 무관한 인사를 보이고 있었다. 또한 몇 년 전 삼성에서는 39세의 최연소 임원이 임명되기도 했다. 결국 나이와 혈연 그리고 지연에 관계없이 오로지 능력만으로 임원으로의 미래를 꿈꿀 수 있는 곳이 바로 삼성이라는 것을 알 수 있다.

앞서 언급했지만 열심히 일하지 않는 직장인은 없다. 모두가 저마다 '더 이상 열심히 할 수 없다.'고 생각할 정도로 최선을 다해 일한다. 하지만 대다수 직장인이 인정받지 못하고 있다. 그들은 왜 그런 악순환을 반복하는 것일까?

스티브 잡스가 떠난 애플도 마찬가지이다. 애플의 직원들은 열심히 신제품을 만들고 있다. 그런데 계속해서 삼성에 밀리고 있다. 사실 애플은 그다지 잘못한 것이 없다. 열심히 장사를 잘하고 있는데, 삼성이 룰(rule) 자체를 바꿔 버린 것이다. 이를 테면 애플은 길이 아닌 곳에서 열심히 뛰고 있다. 이런 애플은 우리네 모습과 비슷하다. 혹시 우리도 잘못된 길에서 뼈 빠지게 뛰고 있는 것은 아닐까?

나는 삼성에 대한 이야기가 굉장히 민감하다는 사실을 잘 알고 있다. 삼성에 대한 책은 그들을 찬양하거나 근거 없이 비하하는 책이 될 가능성이 높다. 그래서 나는 집필 전에 몇 가지 원칙을 세웠다.

1. 실제적인 자료와 인터뷰를 통해 원고를 구성한다.
2. 그들에게 조금 더 가깝게 하지만 그 안에 빠져들지 않은 채로, 양 극단에서 접점을 찾아 분석하고 평가한다.
3. 단지 그들의 업적과 성과만을 나열하는 데 그치지 않고, 그들이 어떤 방법을 통해 지금의 자리에 오를 수 있었는지, 일반 직장인들이 벤치마킹할 수 있는 구체적인 'How to'를 제공한다.

10년 정도 여러 기업에서 강연을 하며 깨달은 것이 하나 있다. 그것은 바로 입사 동기일지라도 어떤 사람은 임원이 되고, 어떤 사람은 만년 부장으로 남고, 불행하게도 어떤 사람은 평직원으로 직장 생활을 마무리하게 되는 데는 공통적인 이유가 있다는 사실이다.

삼성의 임원들을 만나면서 저마다의 특성과 반응들을 유심히 지켜보며 느낀 바가 많았다. 그로 인해 영감을 받았고, 그 내용을 책으로 정리해야 한다는 의무감을 가지게 되었다. 새로운 자기계발서의 지평을 열 수 있다고 생각했기 때문이다. 이 책의 내용이 프롤로그에서 소개했던 것처럼 나의 친구와 중소기업의 미래를 바꿨듯이 당신의 미래도 바꿀 수 있으리라 확신한다.

한마디만 덧붙인다.

"나는 삼성의 임원들을 만나고 연구하면서 내가 왜 모든 주식을 팔고 삼성그룹 계열사의 주식을 사야 하는지 알게 되었다!"

직장인이라면 삼성의 임원처럼

삼성전자 마이스터고 장학지원에 선발된 한 여고생이 이렇게 말했다.

"삼성전자 취업을 보장받았다고 해서 노력을 게을리하지 않을 거예요. 제 최종 목표는 삼성전자 입사가 아니니까요. 전 세계 사람들이 사용하는 휴대폰을 만드는 게 제 꿈입니다."

여고생의 말과 분위기에서 삼성 임원의 마인드가 느껴졌다. 이 여고생은 학교를 졸업하고 삼성에 취업한 뒤 누구보다 삼성의 임원이 될 가능성이 높다. 여기에서 내가 말하고 싶은 것은 여고생의 말을 들은 주변 친구들의 반응이다.

그들은 세상을 바꿀 엄청난 휴대폰을 만들겠다는 여고생의 말에 '네가? 에이, 웃기지 마!'라는 식의 표정으로 웃음을 터뜨렸다. 분명한 것은 웃음을 터뜨린 그들은 삼성에 입사할 수는 있겠지만, 임원이 될 가능성은 희박하다는 것이다. 생각하는 수준을 최고로 끌어올리지 못하는 사람은 세상이 놀랄 엄청난 것을 만들 수 없고, 삼성의 임원이 될 수도 없다.

실제로 삼성의 임원들을 포함한 사장단은 세상이 놀랄 만한 제품을 만들기 위해 엄청난 노력을 멈추지 않는다. 삼성그룹의 서초사옥에는 매주 수요일 계열사 사장단 40명이 모여 미래전략 토론학습 교육을 실시한다. 사람들은 '대체 삼성그룹의 사장들은 아침부터 모여 무슨 공부를 할까?'에 대한 궁금증을 가지고 있다. 그들은 전직 기업인이나 공무원, 교수, 예술인 등 다양한 분야의 외부 전문가들을 강사로 초청하여 강연을 듣는다. 경영에 직접 도움이 되는 것에 국한하지 않고 창조력, 리더십, 역사, 문화 등 주제도 다양하다.

나는 삼성 임원 이상의 사장단들이 받는 교육을 일반 직장인이 알아야 할 필요가 없다고 생각한다. 물론 그것에 대해 알면 도움은 되겠지만 현재 그들이 받고 있는 특별한 교육은 그들이 그 자리에 올라왔기 때문에 받는 혜택이다. 우리에게 필요한 것은 그들이 받는 교육이 아니라, 그들이 어떻게 지금 그 자리에 올랐는지를 파악하는 것이다. 도대체 그들에게는 있고, 우리에게는 없는 것이 무엇일까? 그것을 알아내기 위해 오랜 시간 고민에 빠지지 않을 수 없었다.

삼성에 교육을 가면 늘 배차가 되는데, 그때 기사들을 통해 임원들에 대한 이야기를 들을 수 있었다. 부사장의 기사로 오랫동안 일을 한 기사가 나에게 이런 말을 했다.

"저는 운전을 하며 돈도 벌지만, 사실 제가 얻게 된 가장 큰 소득은 돈이 아니라 지식이었어요. 대부분의 삼성 임원이 마찬가지이겠지만 제가 모신 부사장님은 빈틈이 없을 정도로 빡빡한 일정을 소화하시죠. 하지만 부사장님은 아무리 힘이 들어도 차로 이동할 때마다 좋은 강연을 시청하시거나 청취하셨어요. 아마 저라면 그대로 쓰러져 잠이 들었을 텐데, 부사장님은 절대 그렇게 시간을 낭비하지 않으셨죠. 덕분에 저도 좋은 강연을 많이 접할 수 있었고, 다양한 분야에 대한 지식을 얻을 수 있게 되었어요. 또 하나! 제가 크게 놀란 것은 철저한 자기 관리였어요. 부사장님은 술을 많이 마시고 새벽에 귀가해도 다음날 새벽 5시면 어김없이 출근할 만큼 철저하셨어요. 어떤 돌발 상황도 부사장님의 일정에 영향을 주지 못했어요. 또한 부사장님을 비롯한 삼성 임원들은 저를 단지 운전하는 사람이 아니라 함께 일하는 사람으로 대해 주셨어요."

나는 거기에서 힌트를 얻었다. 앞서 말했듯 삼성은 소위 명문대 출신의 임원 비율이 굉장히 낮다. 서울 출신도 적다. 결국 삼성의 임원 자리는 머리가 좋은 사람 혹은 학력이 높은 사람이 올라가는 자리가 아니라, 열정과 책임감을 가지고 장기적으로 좋은 성과를 내는 사람에게 주어지는 자리인 것이다. 나는 오랜 고민 끝에 그들이 가지고 있는 특별한 능력을 발견했다.

1. 강한 책임감

삼성의 임원으로 성장하려면 본인의 능력과 실적으로 자질을 입증받아야 하는데, 이는 투철한 책임감이 수반되지 않으면 불가능하다. 삼성의 임원들을 보면 내면에 엄청난 책임감이 흐르고 있다. 경영목표 달성과 조직 관리에 대한 책임감이 임원들에게는 최고의 덕목이기 때문이다. 삼성에서는 결과 외에는 어떤 변명도 필요하지 않다. 따라서 스스로 강한 책임감을 가지고 원하는 성과를 이루어야겠다는 생각을 하고 있기 때문에 성과를 이루지 못하고 조직을 떠나야 하는 상황이 되어도 전혀 불만을 표출하지 않는다. 그것이 책임감이 강한 사람들의 특징이다. 모든 게 자신의 탓이라는 것, 핑계는 없다는 것이 그들의 제1 철칙이다.

2. 도덕성

보통 연예인들이 하루아침에 스타가 된 이후에 갑자기 몰락하게 되는 상황을 자주 볼 수 있다. 이는 그들이 스타가 되기 이전에 했던 불미스러운 행동 때문일 가능성이 크다. 여자관계 혹은 금전관계 등 다양한 이유로 그들은 어렵게 올라간 스타의 자리에서 내려와야 했다. 삼성의 임원들도 마찬가지이다. 그들은 기업에서 보면 별이다. 따라서 일반 직원이었을 때는 그들에게 아무런 관심을 두지 않지만, 임원이 된 이후에는 그들의 생활 하나하나가 전 직원의 입에 오르내린다. 어디에서 누구와 술을 마셨고, 어디에서 어떤 여자를 만나는지, 업체와 어떤 거래가 있었는지 숨길 수 없이 모든 것이 드러난다. 높은 곳일수록 바람이 거세다. 삼성의 엄정한 감사는 세상에 많이 알려져 있다. 작은 부정도 용서하지 않는 삼성의 내부 분위기상 정말 깨끗하다고 판단이 된 사람만이 임원이 될 수 있다. 또한 입사 후 최소 15년 이상 직장 생활을 해야 임원이 될 수 있는데, 그 기간 동안 한 치의 부끄러움도 없어야 한다. 하청업체에서 10만 원을 받은 사실만 발각되어도 임원의 자리에 오를 수 없다. 수십억 원 규모의 사업에 실패해도 그것이 조직을 위한 일이었으면 괜찮지만 단 돈 천 원이라도 부적절하게 사용했다면 절대 용서받지 못하는 곳이 바로 삼성이다.

3. 반듯함과 성실함

삼성의 임원들은 단단하고 반듯한 벽돌에 비유되곤 한다. 평균적으로 삼성 출신은 일을 맡겼을 때 의도하지 않은 의외의 결과가 나오거나 실수를 할 가능성이 적다. 일을 하다 보면 돌발 상황이 발생하게 마련이다. 하지만 삼성의 임원들은 이런 돌발 상황까지 처리해야 하는 업무에 포함시킨다. 환경 탓을 하지 않고 주어진 상황에서 최선을 다해 성과를 이루어 내는 성향이 강하기 때문이다.

4. 무서운 적응력

삼성에서 임원이 되기 위해 가장 중요한 것은 분위기에 잘 적응하는 능력이다. 혼자만 잘하는 독불장군 스타일은 삼성에서 오래 일하기 힘들다. 이런 스타일의 사람은 채용 과정에서 걸러지기도 하지만 일단 일을 하게 되더라도 스스로 적응하지 못하고 퇴직하는 경우가 많다. 적응력은 삼성의 임원이 되기 위해 가장 필요한 덕목이다. 능력은 가르쳐서 습득시키면 되지만, 조직 적응력은 오랜 시간이 필요하기 때문에 교육을 통해 만들어지는 것이 어렵다.

'삼성에서 10년 이상 버틴 사람은 이미 그것으로 최고의 직장인이 될 수 있는 모든 검증이 마친 사람이다.'라는 말이 있다. 그만큼 근무 강도가 높고 보통 능력으로는 버티기가 힘이 든다는 의미이다. 하지만 나는 그렇게 생각하지 않는다. 그들의 진정한 힘은 힘든 곳에서 버틴 그 끈기가 아니라, 앞서 소개한 네 가지의 특별한 능력이다. 그 능력을 통해 그들은 삼성의 임원이 될 수 있었다.

또한 나는 삼성의 업무 강도가 높은 게 아니라, 반대로 다른 기업들의 업무 강도가 낮다고 생각한다. 글로벌 1등 기업이 그 정도의 노력도 없이 이루어진 것이라 생각했다면, 그것은 너무 순진한 발상이 아닐까? 아니면 지금까지 삼성을 거친 수백만 명의 직원이 초인이라는 말인가? 절대 그렇지 않다. 그들은 우리와 다르지 않은 사람이다.

대기업, 특히 삼성에 대한 기사만 나면, 이런 댓글이 달린다.

- 한국에서 대기업하면서 부자 되는 것, 참 편하지. 법을 어기지 않는 선에서 더러운 짓 하면 되니까. 이건희가 뭐 별 거 있나? 그냥 재벌 아들일 뿐이지.
- 삼성이 세계 1위를 하고 잘나간다고 치자. 우리 국민들에게 돌아오는 건 뭔데?
- 새벽부터 사람 좀 불러내지 말고, 제발 8시간 근무 좀 지켜라. 사람이 기계도 아니고! 매일 새벽 5시에 일어나 출근하게 만들고 밤 11시까지 일시켜 먹으면 어쩌란 말이야! 그렇게 일하면 또 뭐해! 돈은 엉뚱한 놈들이 다 챙겨 가는데!

나는 그런 댓들을 볼 때면 그들에게 이렇게 묻고 싶다.

"그렇다면 당신이 잘되어서 학교에서 1등을 한다고 치자. 그럼 학생들에게 돌아가는 것은 무엇인가?"

"당신이 잘되어서 회사에서 연봉을 가장 많이 받는 사람이 되었다고 치자. 그럼 다른 직원들에게 좋은 것은 무엇인가?"

우리가 할 일은 삼성이 내게 무엇을 해 줄 것인가를 기대하는 것이 아니라, 1등을 한 친구가 내게 무슨 이득을 줄 것인가 기대하는 것이 아니라, 그들을 살펴보고 연구하며 어떻게 하면 그들처럼 될 수 있는지 치열하게 고민하고 내 것으로 만드는 것이다. 그것을 모르면 당신은 지금 서 있는 그 자리에서 조금도 전진할 수 없다.

어떤 사람은 삼성의 임직원이 밤늦게 야근하며 일하는 기사를 보며 "세상에! 사람을 저렇게 부려 먹는 걸 자랑이라고 기사까지 내? 진짜 씁쓸하다."라고 말하지만, 그들이 부림을 당하고 있는 것인지, 정말 일이 좋아서 자처해서 하는 것인지는 모르는 일이다. 당신의 상식과 가치관으로 세상을 바라보지 말라. 당신의 가치관은 전형적인 비임원 마인드일 가능성이 크다. 당신이 임원으로 성장할 수 없는 마인드를 가지고 있으니 다른 사람보다 일찍 출근해서 밤늦게까지 일하는 사람의 마음과 열정을 모르는 것이다.

물론 모두가 삼성의 임원들처럼 되어야 한다는 말은 아니다. 지금 그 자리에서 행복하다면, 그대로 살아도 괜찮다. 하지만 세상을 바꾸고 싶다면, 태어나 한 번은 최고의 열정을 불태워 보고 싶다면 생각의 회로 자체를 바꾸길 바란다. 생각을 바꾸지 않으면 인생을 바꿀 수 없다.

모든 사람이 직장에 질질 끌려가 일을 하는 것은 아니다. 일이 정말 좋아서 시간이 가는 줄도 모르고 일하는 사람도 생각보다 많다. 그런 의미에서 이 책은 삼성의 임원들처럼 내 일을 누구보다 열정적으로 사랑하는 동시에 최고의 대우를 받고 싶은 강렬한 열망을 가진 사람을 위한 책이다. 나는 앞으로 다음의 이야기를 들려 줄 것이다.

- 삼성의 임원들은 나와 어떻게 다른가?
- 삼성의 임원들은 어떤 의식과 행동양식을 가지고 있는가?
- 우리는 어떤 방법을 통해 삼성의 임원들과 같은 경쟁력을 갖출 수 있는가?

삼성의 임원들 역시 마찬가지이다. 처음부터 유능한 사람은 없다. 누구나 시작은 같았다. 다만 시작에 임하는 태도가 달랐을 뿐이다. 결국 태도가 차이를 만드는 것이다. 나는 앞으로 삼성의 임원들에 대한 많은 부분을 이야기하려고 한다. 위의 세 가지를 바탕으로 자신의 마음을 다스리는 기술, 세상을 움직이는 인격의 힘에 대해 말할 것이다. 물론 프로 정신과 도전 정신, 긍정적인 마음에 대한 부분도 잊지 않을 것이다.

하지만 역시 가장 중요한 것은 임원들이 일을 하는 방식이다. 임원들의 시간 관리법과 집중력을 최고로 끌어올리는 방법, 그들의 독특한 질문법, 독서법, 창의적인 결과를 수없이 만들어 낸 사색하는 법을 밝힐 예정이다. 내가 이제부터 밝힐 내용은 앞서 프롤로그에서 소개한, 하루에 5시간씩 일주일 동안 교육하여 친구와 한 중소기업을 변화시킨 바로 그것이다. 이제 그 모든 것을 여러분에게 소개한다.

삼성을 기준으로 삼아라

몇 년 전에 일본에 간 적이 있는데, 그때 한 친구가 나에게 이렇게 물었다.

"일본 기업이 한국 기업에 맞서려면 어떤 전략이 필요하다고 생각해?"

사실 이 질문을 받고 잠시 머릿속이 하얗게 변해서 아무 말도 할 수 없었다. 개인적으로 경영에 대한 서적도 몇 권 발간했지만, 책을 쓰며 늘 일본 기업을 따라갈 생각만 했지, 일본 기업이 한국 기업을 분석하고 성장 비결을 알아내려고 하고 있다는 생각은 하지 못했기 때문이다.

일본에《삼성식 업무 방법》,《삼성 성공의 비밀》이라는 책이 있다. 놀랍게도 최근 몇 년 새 일본 대형 서점에서 꽤 많이 판매되었다. 이 책들이 말하고자 하는 것은 '삼성의 일처리 방식을 따라 하기만 하면 5년 안에 일류사원이 될 수 있다'이다.

일본이든 미국이든 지금 세계는 삼성의 일처리 방식을 연구하고 있다.

하지만 앞서 잠시 언급했듯, 삼성을 비난하는 사람들은 대부분 그들의 근무 강도를 비난한다. 그렇다면 반대로 한 번 생각해 보자. 돈을 준만큼 일을 시키는 게 잘못된 것인가? 그럼 준 것보다 일을 덜 시켜야 하는 것인가? 당신은 식당에서 돈을 지불한 만큼 대접을 받기를 원하지 않는가? 왜 당신은 그런 대접을 받기 원하면서 돈을 준만큼 일을 시키는 삼성의 근무 강도를 비난하는가?

사실 나는 삼성의 근무 강도에 대해서는 별 관심이 없다. 내가 관심을 갖는 부분은 임원이든 아니든, 다만 몇 년이라도 '삼성을 거쳐 간 사람들은 무언가 다르다는 사실'이다. 그들은 다른 기업으로 가서 대부분 승승장구할 뿐 아니라, 다른 직원과 다르게 일하고 좋은 성과를 낸다. 자신은 알고 있는지 모르겠지만, 삼성에서 일했다는 경험이 그 사람의 특별한 재산이 된 것이다.

내 주위에는 일반 사람들이 평생을 벌어도 만지기 힘든 자산을 가지고 있는 부자가 많다. 그래서 그들의 성향과 성격, 삶에 대한 태도 등을 자주 관찰하는데, 사실 너무 제각각이라 '바로 이거야!' 하는 공통점을 발견하지 못했다. 그런데 최근에 딱 한 가지! 그들의 공통점을 발견했다. 그것은 바로 '끝없는 목표 의식'이다.

생각해 보라. 당신은 자산이 100억 원이 넘는 사람들을 보면 무슨 생각을 하는가? 아마 99%의 사람은 이런 생각을 할 것이다.

'내게 100억 원만 생기면, 아니 10억 원이라도 생기면 안전하게 은행에 넣어 두고 이자로 생활하며 하고 싶은 것을 다 하며 살 텐데……'

내가 아는 자산가들의 출발점은 대부분 당신과 비슷했다. 다만 그들은 당신과 첫 번째 도착점과 두 번째 도착점 등 목표의 경로가 달랐을 뿐이다. 당신이 목표를 세우지도 않고 이미 목표를 이룬 사람을 바라보며 부러워할 때 그들은 꾸준하게 목표를 세우고, 이루고, 다시 세우는 것을 반복했다. 이를 통해 그들은 당신과 꾸준하게 차이를 만들어 낸 것이다.

결국 그들과 당신의 차이는 목표 의식에 있다. 그들은 현재 자신이 가지고 있는 것에 만족하지 않았다. 그렇게 지속적으로 목표를 업데이트해서 그 자리까지 간 것이다. 만약 그들이 목표를 계속 상향 조정하지 않고 현재의 모습에 만족했다면 결과는 크게 달라졌을 것이다.

이런 이야기를 하면 이렇게 반문하는 사람이 꼭 있다.

"돈이 인생의 전부인가요?"

어디에서든 본질을 파악하는 게 중요하다. 내가 말하고자 하는 것은 돈에 대한 부분이 아니라 삶의 전체적인 부분이다. 당신이 어느 위치에 있든 절대 안주하지 말라는 이야기를 하는 것이다. 끊임없이 목표를 상향 조정하라. 3대가 아무 일도 하지 않아도 먹고살 돈이 있는 사람이라도, 말 한마디면 수천 명의 직원을 움직이게 할 수 있는 사장이라도 마찬가지이다. 최고의 위치에서도 언제나 최고를 꿈꿔야 한다. "난 정말 열심히 살았다!"라고 세상에 크게 외칠 수 있는 자격은 목표를 세우고 이루어 나가는 사람에게 주어지는 특권이다.

1992년의 어느 날, 삼성의 한 부서에서 벌어진 상황이다.

"신입사원들! 너희들 신문 좀 봐라. 신문도 안 보고 어떻게 세상 돌아가는 걸 아냐?"

부장의 말에 신입사원들은 한목소리로 이렇게 답했다.

"신문을 보고 싶기는 하지만 신입사원이 회사에서 신문을 보면, 다른 부서 사람들은 논다고 생각합니다."

하지만 단 한 사람은 조용히 생각에 잠겼다. 그는 어떤 생각을 하고 있었던 것일까? 다음날 아침, 그는 평소보다 30분 일찍 출근해서 아무도 없는 사무실에서 홀로 신문을 읽었다. 신문을 보라는 부장의 말을 듣고, 그는 '어떻게 하면 다른 부서 사람들에게 안 좋은 말을 듣지 않으며 신문을 볼 수 있을까?'에 대해 고민했고, 출근 시간을 30분 앞당기자는 결론을 내렸다.

그의 생각은 거기에서 그치지 않았다. 그래도 혹시나 부정적인 말이 나오지는 않을가 염려하여 볼펜과 메모장을 옆에 두고 공부하는 사람처럼 전투적으로 신문을 읽었다. 이를 통해 그는 부장의 말을 제대로 이행한 사람이라는 평가와 공부하는 부지런한 신입사원이라는 평가를 얻게 되었다. 그리고 20년이 지난 2013년, 그는 꽤 빠른 속도로 삼성의 임원이 되었다.

보통 직장인들은 자신의 발전을 위해 학업을 병행하고 싶지만, 직장 분위기 때문에 혹은 시간이 부족하기 때문에 포기하는 경우가 많다. 이에 대해 삼성의 한 임원은 이렇게 말했다.

"목표를 분명히 세워라! 어떻게 해서든지 학업을 병행해야겠다고 마음먹은 사람에게는 길이 보인다. 직장의 분위기와 밀려드는 일 때문에 어려울 수도 있지만 목표가 분명하다면 시간은 얼마든지 만들 수 있다. 간단하다. 평소 즐겼던 여유를 포기하면 된다. 그리고 어떤 상황에서든 최선을 다하면 된다."

정말 열심히 산다는 것은 내가 할 수 있는, 달성 가능한 목표를 이루는 것이 아니다. 누가 봐도 불가능할 것 같은 목표를 세우고, 결국 그것을 해내는 것이다. 당신에겐 그런 능력이 없다고? 절대 그렇지 않다. 목표만 확실하다면 누구든지 가능하다. 목표를 향한 열정은 고비를 만나면 더욱 끓어오르기 때문이다.

나는 진로에 대한 상담 의뢰를 많이 받는 편인데, 사람에 따라 다른 답을 제시해 주지만 "삼성에 취업을 할 것인지, 다른 곳에 취업을 할 것인지 고민입니다."와 같은 식의 질문을 받으면 무조건 이렇게 답한다.

"삼성으로 가라. 가서 철학을 배워라. 그리고 삼성을 이끌고 있는 임원들의 마인드와 일하는 방식을 배워라. 월급을 받지 않아도 그렇게 온전히 1년만 배우면 너의 10년이 달라질 것이다."

삼성이라는 브랜드에 기대어 하청업체를 못살게 굴거나, 갑의 위치를 마음껏 누리며 호사스러운 생활을 하는 방법을 배우라는 게 아니다. 배울 것은 시스템이 아니라 사람이다. 최고의 사람에게서 일하는 방법과 철학을 배워야 한다. 그래서 나는 삼성이라면 당장 가라고 조언한다. 진로를 결정해 주는 내 판단 기준은 바로 이것이다.

'삼성이냐, 다른 기업이냐.'

다른 기업들 역시 삼성의 특별함을 알고 있다. 무엇을 시작하든 삼성이 하면 다르다는 것을 알기 때문에 많은 기업이 스스로의 경영과 회사 상태를 삼성과 비교한다. 삼성 계열사와 같은 업종에 있는 기업은 삼성과 비교해 수익률이나 매출 구조가 좋다는 평가가 나오면 스스로 잘되고 있는 것으로 믿을 정도이다.

직장인들 역시 마찬가지이다. 한 번도 시도한 적 없는 일이 진행되면 담당자는 상사로부터 가장 먼저 이런 지시를 받는다.

"지금 삼성은 이 사업을 하고 있나? 하고 있다면 어떻게 하고 있는지 한 번 알아봐."

그리고 삼성이 그 사업을 하고 있으면 삼성이 간 길을 그대로 따라하거나 그것을 기준으로 약간 수정해서 사업 방향을 잡아 나간다. 삼성이 하면 한 번 들여다보게 되고, 그들이 하는 것은 뭐든 잘 될 것 같은 느낌! 이런 거부할 수 없는 최고의 위상을 갖고 있는 기업이니만큼 삼성에서 일했던 직원들에게도 특별한 대우가 주어진다. 놀랍게도 삼성에서 다른 기업체로 옮긴 사람들도 어느 정도 예우를 받는다. 대기업이라면 다르겠지만 중소기업에서는 삼성에서 하던 방식으로 일을 처리하려고 해도 어느 정도 예우하며 수용해 주기도 한다.

하지만 많은 사람이 이런 기업들의 형태를 비난하거나 이해하지 못하겠다는 표정으로 바라보지 않는다. 삼성이라 가능하다. 한국의 많은 대기업 중에 유일하게 삼성만 이런 특권을 누릴 수 있다.

직장인의 변신은 불가피하다

눈을 감고 당신이 대기업에 18년째 근무하고 있는 40대 후반의 부장이라고 생각해 보라. 안 그래도 동기들이 하나둘 임원으로 승진하고 있는 상황이라 불안한데 팀원들이 이런 말을 툭툭 내뱉는다.

"부장님, 이번에는 임원으로 승진하셔야죠."

부담감이 더욱더 커진다. 그런데 오늘 아침, 아들 녀석이 "아버지는 언제 임원으로 승진해요? 제 친구 아버지는 작년에 임원이 되셨다던데……."라고 말하며 속을 긁는다. 한숨이 절로 나온다. 그렇게 불편한 마음으로 출근해 자리에 앉았는데, 전화벨이 울린다. 사장에게서 걸려 온 전화이다. 긴장된 마음으로 전화를 받으니 사장은 굵직한 목소리로 이렇게 말한다.

"김 부장, 그동안 수고했네. 앞으로는 임원으로서 더 큰 일을 해 주길 바라네."

자, 어떤가. 생각만으로도 가슴이 벅차오르지 않는가? 부장으로 승진한 지 3년 만에 임원으로 승진하는 엄청난 기록을 세운 삼성의 한 임원은 '임원이 된다는 것'에 대해 이렇게 말했다.

"사실 나는 임원이 되기 전에도 내가 맡은 업무를 비롯하여 회사 전체를 염두에 두고 일하고 있다고 생각했어요. 그런데 그게 아니었어요. 임원이 되고 나니, 그때 내가 생각했던 것은 정말 작은 것에 불과하다는 것을 알게 되었죠. 임원은 자신이 맡은 사업뿐 아니라 회사 전체를 광범위하게 생각해야 합니다. 임원이 되기 전에는 다른 부서에 양보하는 것을 죽도록 싫어했는데, 임원이 되니 우리 사업부가 양보해 전체의 이익을 키울 수 있다면 그렇게 해야 한다는 발상이 가능해진 것이죠. 개인이 아니라, 회사를 생각하는 넓은 시각을 갖는 것이 정말 중요합니다."

그의 말처럼 직장인은 계속해서 마인드를 바꿔야 한다. 대리와 과장, 부장의 마인드가 다르듯이 임원의 마인드 역시 다르기 때문이다. 로봇이 나오는 만화를 보면, 언제나 강적을 만나면 강력한 힘을 가진 완성체로 변신한다. 그처럼 직장인도 년차에 맞춰 변신해야 한다. 그저 앉아만 있으면 생존이 보장되는 시대는 끝났다.

최근 한국의 지성인 이어령 박사가 내게 이런 조언을 해 주었다.

"직장인이 생존을 보장받는 시대는 끝났다. 이제 직장인도 자영업자의 심정으로 뛰지 않으면 안 된다."

자영업자, 즉 직장인도 직장에서 각자 사장의 마음으로 뛰어야 한다는 말이다. 게다가 부장까지의 승진과 임원의 승진은 매우 다르다. 만년 부장이라는 말이 나오는 이유가 여기에 있다. 최연소 과장으로 엄청나게 빠르게 승진한 직원도 만년 부장으로 남을 가능성을 배제할 수 없다. 부장까지의 승진과 임원으로의 승진에는 엄청난 차이가 있기 때문이다.

쉽게 말해 회사에서 부장이 될 때까지는 그가 가진 장점이 무엇이냐가 판단의 근거가 된다. 하지만 임원 승진은 평가 기준이 완전히 다르다. 부장까지의 승진은 그 사람의 장점이 무엇이냐가 중요했지만 임원으로의 승진은 장점이 아닌 단점이 중요하다. 얼마나 단점이 없는 사람인지, 그것이 바로 임원 승진의 가장 중요한 포인트가 된다. 임원으로 승진하고 싶다면 완전체로 변신해야 한다.

CHAPTER 2

삼성의 임원은 어떻게 일하는가

CHAPTER 2

삼성 임원의 마음가짐

누군가가 삼성에서 임원으로 일을 했다고 자신을 소개하면, 사람들은 속으로 이런 평가를 내린다.

'저 사람은 엄청나게 열심히 일하고, 일을 제대로 할 줄 알고, 무엇보다 자기 관리가 완벽할 거야.'

맞는 말이다. 삼성의 임원들은 상상할 수 없을 정도로 열심히 일한다. 그들은 잠을 자는 시간 말고는 거의 모든 시간을 일에 투자한다. 삼성에서 오전 7시에 출근하여 오후 4시에 퇴근하는 정책을 시행한 적이 있다. 그때 많은 사람이 무척 당황했다. 새벽에 출근해서 새벽에 퇴근하는 게 일상이었는데, 해가 지기 전인 4시에 퇴근을 하라니! 만약 당신의 퇴근 시간이 4시라면 당신은 저녁 시간을 어떻게 보낼 것인가. 그들은 4시가 되면 퇴근을 하고 가까운 호텔로 가 계속해서 일을 했다. 물론 그렇게 하라고 시킨 사람은 아무도 없었다. 그들 스스로 학생이 도서관에 가서 공부하듯 호텔에서 일을 한 것이다.

그렇게 열심히 일을 했기 때문에 많은 삼성 임원 출신이 지금도 한국 최고 기업의 주요 부문에서 일을 하고 있는 것이다. 결국 삼성 임원 출신 이라는 경력이 최고의 스펙인 셈이다. 이쯤에서 이런 궁금증이 생긴다.

- 그들이 열심히 일하는 이유는 단순히 회사에 대한 로열티가 높기 때문일까?
- 주어진 일을 똑 부러지게 처리하는 그들의 능력은 어디에서 오는 것일까?
- 그들이 이런 고평가를 받을 수 있는 근본적인 이유는 무엇일까?

'수신제가 치국평천하(修身齊家 治國平天下).'라는 말을 들어본 적이 있는가. 이 말은 '자신의 몸과 마음을 바르게 한 사람만이 가정을 다스릴 수 있고, 가정을 다스릴 수 있는 사람만이 나라를 다스릴 수 있으며, 나라를 다스릴 수 있는 사람만이 천하를 평화롭게 다스릴 수 있다'는 뜻이다.

나는 지난 10년 동안 교육을 하며 교육생들에게 이런 질문을 했다.

"'수신제가 치국평천하' 중에서 가장 중요한 것이 무엇일까요?"

이때 95% 이상이 '천하를 평화롭게 다스린다'는 의미의 '평천하(平天下)'가 가장 중요하다고 답한다. 하지만 삼성 임원들의 삶을 들여다보면 그들이 가장 중요하게 생각하는 것은 바로 '수신(修身)'이다.

가정이 평화롭기 위해서는 일단 가정 구성원이 스스로 자신의 몸과 마음을 잘 다스릴 수 있어야 한다. 개인이 자신의 생각과 행동, 말을 잘 다스리면 가정은 자연스럽게 행복해진다. 그리고 이로 인해 나라가 행복해지고, 천하가 평화로워진다. 결국 가장 중요한 것은 자신을 다스리는 일인 것이다.

세상을 바꿀 간단한 방법은 나를 바꾸는 것이다. 하지만 많은 사람이 구석에 앉아 세상 탓만 하며 세상이 바뀌지 않는다고 불평불만을 쏟아 낸다. 어떻게 될지 모를 내일을 기다리며, 내일은 제발 세상이 바뀌기를 소망하며 허망한 삶을 살아간다. 하지만 수신(修身)의 중요성을 알고 있는 사람은 절대 내일을 기다리지 않는다. 바로 지금, 이 순간이 세상을 바꿀 가장 좋은 시간이라는 것을 알고 있기 때문이다.

  삼성 임원들의 장점은 '일을 제대로, 잘할 줄 안다'는 것이지만, 더 중요한 것은 그룹 내에 '부정'이라는 단어가 존재하지 않도록 철두철미하게 조직원을 관리하고, 업무 성과에 대한 평가 시스템을 효율적으로 운영하는 것이다. 이것이 가장 중요하다.

  부정이라는 단어가 사라지게 만들고, 업무에 대한 평가를 공정하게 하려면 마음속에 늘 '수신(修身)'이라는 단어를 품고 있어야 한다. 자신의 생각과 행동, 말을 잘 관리하지 못하면 남을 공정하게 평가하지 못하고, 부정을 저지를 가능성이 높아진다. 삼성의 임원들이 그렇게 열심히 일을 하고, 그로 인해 좋은 평가를 받는 이유는 세상을 바꾸고 싶다는 강한 열망이 있었기 때문이고, 수신(修身)을 가슴에 품고 살며 자신의 생각과 행동 그리고 말을 잘 관리했기 때문이다.

  수신(修身)의 중요성을 20년 전부터 알고 있던 이건희 회장은 자서전에 이런 글을 썼다.

세상을 바꾸기 위한 모든 변화는 나부터 시작해야 한다.

물론 변화는 쉽지 않다. 지금 당장 삼성의 임원들과 같은 마음가짐으로 사는 것은 불가능하다. 이건희 회장은 가장 쉽고 현명하게 변화할 수 있는 세 가지 방법을 제시했다.

1. 한꺼번에 모든 변화를 이루려고 기대해서는 안 된다

아무리 실력 있는 산악인이라 해도 처음부터 에베레스트에 오르지 않는다. 간단한 일부터 조금씩 쌓아 올려 변화할 수 있다는 자신감부터 확인하는 일이 중요하다.

2. 올바르게 변화하는 것이 중요하다

우선 자기 자신을 철저하게 알아야 한다. 자신에게 수없이 '변화하지 않으면 내게 무슨 일이 생길까?'에 대한 질문을 던져라. 그리고 5번 이상 '왜'에 대해 생각해 보라. 깨어 있는 상태에서 자신에게 묻고 답하다 보면 변화의 참 의미를 알게 된다. 이때 많은 지식을 습득하며 지속적으로 자기계발을 하면 상승 효과가 생긴다.

3. 지속이 중요하다

중요한 것은 끝까지 가는 것이다. 중간에 멈추면 그저 시간 낭비를 한 것뿐이다. 기업의 정글은 시장이다. 시장에서는 영원한 강자도, 패자도 없다. 시장의 법칙에 적응하지 못하면 살아남을 수 없다. 스스로의 노력에 따라 모든 것이 변한다. 호랑이로 태어났지만 토끼로 전락할 수도 있고, 토끼로 태어났지만 견실하게 경쟁력을 쌓아 호랑이로 변신할 수도 있다.

고대 그리스의 철학자 소크라테스 역시 수신(修身)의 중요성을 강조하며 이렇게 말했다.

"세계를 움직이고 싶다면, 자기 자신부터 움직여라."

많은 사람이 나라가 썩었다고 욕하며 이민을 가고 싶다고 말한다. 그렇다면 당신이 가고 싶은 나라는 어디인가? 미국? 스웨덴? 캐나다? 그 나라들은 당신이 생각하는 것처럼 정말 살기 좋을까? 만약 그곳이 살기 좋은 나라라면, 그 이유는 국민 개개인이 나라를 탓하지 않고 자신의 삶을 잘 살기 때문일 것이다. 나라를 바꾸고 싶다면 먼저 나를 바꿔라. 나는 지금까지 나라가 바뀌어야 한다고 말하는 사람 중에 자신을 바꾸겠다고 말하는 사람을 본 적이 없다.

이건희 회장은 1993년에 신경영을 선언할 때 이렇게 말했다.

"3만여 명이 제품을 만들고 6,000명이 애프터서비스를 하는데 무슨 경쟁력이 있는가! 마누라와 자식을 빼고 모두 바꿔라!"

맞는 말이다. 3만여 명이 제품을 만드는 데 6,000명이나 그들이 만든 고장 난 제품을 수리하는 것은 비효율적이다. 당신에게 묻는다.

"당신의 삶도 이처럼 비효율적이지 않는가?"

불량을 줄이면 더 확실하게 서비스할 수 있고, 그만큼 효율성도 좋아진다. 당신 인생에 있는 불량률을 줄이고 싶은가? 그렇다면 지금 당장 자신을 바꿔라.

일을 대하는 완벽한 태도

지난 몇 달 동안 삼성의 임원들을 만나 인터뷰를 진행했다. 나는 그들에게 공통적으로 이런 질문을 던졌다.

"왜 그렇게 열심히 일하는 거죠?"

내가 만난 삼성의 임원들은 하루 평균 18시간씩 일을 했다. 주말에도 일을 손에서 떼지 못했다. 어찌 보면 참 바보 같은 질문이다. 답도 뻔히 예상되지 않는가? 나는 그들에게 내심 이런 답이 나오기를 기대했다.

"먹고살려면 어쩔 수 없죠."

"받은 만큼 일해야죠."

"직장인의 삶이 다 그렇잖아요."

하지만 그들의 입에서는 전혀 다른 말이 흘러나왔다.

"열심히 일하는 이유요? 열심히 해야만 하는 일을 맡았으니까요!"

20여 년 전, 삼성그룹 비서실에 근무하던 직원 한 명이 갑자기 해양사업부에 투입되었다. 주변에서는 좌천된 것이 아니냐며 그를 걱정했다. 당시 해양사업부는 신규 사업이라 수주도 하지 못하고 적자만 낳는 '왕따 부서'였다. 게다가 당시 해양사업부는 해양업이 아닌 육상 교량 일을 하며 3,000억 원 매출을 올리는 데 그치는 부서로 전락해 있었다. 많은 사람이 해양사업부는 삼성그룹에 있으나 마나한 부서라고 생각했다.

하지만 그는 전혀 다르게 생각했다. 일단 그는 해양 부문 매출을 2조 원으로 올리겠다는 목표를 세웠다. 그리고 매년 발전시켜 나갔다. 한때 '왕따 부서'였던 해양사업부는 발전을 거듭하며, 2012년에는 35조 원에 이르는 수주를 달성해 업계 1위로 올라섰다.

이는 신입사원으로 시작해 사장 자리까지 오른 박대영 삼성중공업 사장의 이야기이다. 만약 그가 해양산업부는 발전 가능성이 전혀 없는 곳이라고 생각했다면 지금의 삼성중공업은 존재하지 않았을 것이다. 하지만 그는 자신에게 맡겨진 일을 중요하게 생각하며 업무에 임했고, 결국 엄청난 성과를 이루어 냈다.

이처럼 일의 중요성과 크기는 남이 부여하는 게 아니라, 그 일을 맡은 자기 자신이 결정하는 것이다. 굉장한 일이라고 생각하고 그 일을 수행하면 처음에는 작은 일이었다 해도 나중에는 큰 일로 성장하게 된다.

당신은 현재 보잘것없는 하루를 살고 있는가? 혹시 평생을 그렇게 살 수밖에 없다고 생각하고 있는가? 그렇다면 서둘러 그런 생각을 던져 버려라. 보잘것없는 것은 당신의 인생이 아니라, 당신의 마음가짐이다. 당신은 충분히 원하는 인생을 살 수 있다. 단지 당신의 잘못된 마음가짐이 당신의 인생을 사소하게 만들고 있을 뿐이다.

잊지 말라. 당신은 세상을 바꿀 엄청난 인생을 살게 될 보석처럼 반짝이는 운명을 타고 났다. 사는 게 어려울수록 엄청난 꿈을 품길 바란다. 엄청난 꿈을 가진 사람 앞에서는 세상도 고개를 숙인다. 만약 세상이 거대한 벽처럼 느껴진다면 세상이 아니라 당신 스스로를 점검해 볼 필요가 있다. 나약한 꿈이 나약한 미래를 만든다. 무엇이 되기 위해 일하지 말고, 무언가를 이루기 위해 일하라.

당신의 일에서 역사가 되겠다는 큰 꿈을 가져라. 그리고 누군가 왜 그렇게 열심히 사느냐고 물으면 당당하게 이렇게 답하라.

"열심히 살아야만 될 소중한 인생을 살고 있으니까요!"

삼성의 임원처럼 태도를 바꿔라

눈 덮인 겨울 산을 오를 때, 눈을 밟고 다지며 길을 만들어 나아가는 것을 '러셀(russel)'이라고 한다. 눈 덮인 산을 홀로 걸으며 살을 에는 듯한 추위에 맞서 길을 만드는 과정은 결코 쉬운 일이 아니다. 결국 러셀을 하기 위해 가장 필요한 것은 희생정신이고, 희생의 길을 걸을 때 수반되는 고독 역시 감당해야 한다.

러셀은 매우 힘든 작업이기 때문에 99%의 사람은 선두의 순서를 바꿔가며 일을 수행하지만, 홀로 러셀을 수행하는 1%의 사람도 있다. 쌓인 눈의 깊이가 무릎 이상만 되어도 체력 소모가 크기 때문에 홀로 러셀을 수행하는 것이 고통스러울 수도 있지만, 1%는 그것을 견뎌 낸다.

물론 "그렇게 어려운 일을 어떻게 혼자서 할 수 있지?"라고 말하는 사람도 있을 것이다. 하지만 1%의 사람은 외롭다고 생각하지 않을 뿐 아니라 희생이라고 여기지 않는다. 앞서 나가며 길을 내야겠다는 확고한 의지를 가지고 있기 때문에 어떤 고통도 기쁘게 받아들이는 것이다.

99%에 해당하는 사람이 러셀을 하며 '아, 언제 내 순서가 지나가나!'라고 생각할 때, 1%의 사람은 '어떻게 하면 내가 끝까지 러셀을 해서 동료들을 쉬게 할 수 있을까?'를 생각한다. 그들의 차이는 결국 일을 대하는 태도에서 생기는 것이다.

또한 게으름을 대하는 태도에도 변화가 있어야 한다. 대부분의 사람은 할 일 없이 놀고 있는 사람을 보면 게으르다고 말한다. 하지만 그것만이 게으름은 아니다.

1. 뚜렷한 방향성을 정해 놓지 않고 똑같은 일을 반복하는 것
2. 중요한 일을 뒤로한 채 사소한 일에 매달리는 것
3. 스스로 완벽주의라는 덫에 걸려 끊임없이 결정을 미루는 것
4. 늘 바빠 보이지만 실속은 없는 것
5. 능력이 되면서도 도전하지 않는 것

이 모든 행태가 게으름이다. 간단하게 말해서 야구에서 타자가 조금만 노력하면 4할을 칠 수 있는데, 3할에 만족하며 살고 있다면, 그것이 바로 게으른 것이다.

삶은 선택의 연속이다. 제대로 선택하지 않으면 선택하지 않고 지나친 그 잘못된 결정에 대한 대가로 남에게 선택을 강요받아야 한다. 당신은 할 수도 있었고, 하지 않을 수도 있었다. 다만 하지 않는 것을 선택했을 뿐이다. 선택 앞에서 "이제 막 하려고 했어."라는 대답은 존재하지 않는다.

삼성의 한 임원은 내게 선택에 대한 특별한 이야기를 들려주었다.

"실패의 경험을 해 보지 않았던 사람이 반드시 성공의 경험을 가지고 있으리란 보장은 없다. 실패하지 않기 위해 실패도, 성공도 아닌 그 중간 정도에서 아슬아슬하게 버티고 있는 사람이 많다. 나는 차라리 실패를 선택하라고 말하고 싶다. 수많은 실패를 선택한 사람만이 성공에 도달할 수 있다. 좋은 대학을 졸업한 뒤 대기업에 입사하지 않고 자신의 꿈을 위해 노점상을 운영한 사람이 있다고 가정해 보자. 많은 사람이 그에게 '저 사람은 실패했어.'라고 말할 것이다. 하지만 그 사람은 꿈을 위해 실패를 선택한 것이다. 스스로 선택했으므로 그 실패는 성공을 위한 밑거름이 된

다. 직장에 입사해서도 마찬가지이다. 커피 심부름이나 복사를 하고 있는 자신을 실패한 인생이라 생각하지 말라. 임원이 되기 위해 스스로 선택한 일이라고 생각하라. 성장하는 사람은 실패를 당하지 않는다. 실패도 우리가 직접 선택할 수 있다."

실패도 선택하라는 그의 말이 참으로 인상적이었다. 대체 어떻게 하면 그들처럼 하루를 대하는 태도를 바꿀 수 있을까? 삼성의 임원들은 사원 시절 때부터 삶의 태도를 점검하기 위해 늘 자신에게 질문을 던졌다. 이를 크게 다섯 가지로 나눌 수 있다. '내가 직원 혹은 팀장으로서 제대로 일을 하고 있는가?', '내가 속한 조직에서 나의 일하는 태도는 어떤가?'를 좀 더 객관적으로 파악하기 위해 다음에 제시하는 몇 가지 질문을 자신에게 던져 보라. 분명 삶의 태도를 바꾸는 데 도움이 될 것이다.

- 일요일 저녁이 되면 다음 날 출근할 생각에 불안한가, 아니면 열정이 넘치는가?
- 어려운 업무를 처리할 때 힘이 솟는가, 아니면 스트레스를 받는가?
- 목표 달성을 위해 나에게 필요한 것이 무엇인지 알고 있는가?
- 회사에서 정한 여러 가지 비전과 가치관에 동의하는가?
- 조직에서 자신에게 무엇을 기대하고 있는지 알고 있는가?

내가 알고 있는 삼성의 한 임원 역시 마찬가지였다. 그가 가장 많이 신경 쓰고, 삶에서 가장 중요하게 생각한 것은 일을 대하는 태도였다. 지방에서 고등학교를 졸업한 그가 한국 최고의 기업인 삼성에 취직해서 승진할 수 있었던 것은 거의 기적이라 할 수 있다. 승진도 그냥 승진이 아니었다. 그는 입사 후 23년 동안 다른 사람들이 놀랄 정도로 고속 승진을 했다. 입사 7년 후 대리, 10년 만에 과장, 16년 만에 부장, 23년 만에 임원이 되었다. 고졸 출신이어서 대리가 되는 데 시간이 조금 오래 걸렸지만 그 다음부터는 누구보다 빠르게, 거침없이 임원까지 초고속 승진했다. 영어도 잘 하지 못하는 고졸 사원이었던 그가 단시간에, 그것도 임원으로 초고속 승진을 할 수 있었던 가장 큰 이유는 태도에 있었다. 더욱 놀라운 사실은 이런 고졸 신화의 주인공이 2012년 기준으로 삼성전자에만 생산직, 기술직을 중심으로 이미 200명에 달한다는 것이다.

일을 대하는 훌륭한 태도는 고졸 출신의 평직원도 임원으로 성장시키는 가장 좋은 성장 재료이다. 내가 거론한 고졸 출신 임원을 포함한 삼성의 모든 임원은 한국 경제에 길고 긴 '러셀'을 남겨 온 사람들이다. 또한 일을 대하는 태도가 남다른 사람들이다. 사실 그들의 스펙은 대부분 비슷하다. 다른 것은 오직 하나, 일을 대하는 태도이다. 나는 그들을 보며 가장 중요한 것은 스펙이 아닌 태도라는 것을 알 수 있었다.

스스로에게 최고의 삶을 선사하라

"가격을 조금만 낮춰 준다면, 당신 회사의 제품을 50만 개 사겠소."

누군가 당신이 몸담고 있는 회사에 이런 제안을 한다면, 당신은 어떻게 행동하겠는가? 우선 가격을 낮추고 50만 개를 판매하면 어느 정도 이익이 생기는지 계산해 보고, 확실하게 이익이 날 것이라 판단되면 당장 제품을 납품할 것이다. 대부분의 사람이 그렇게 행동할 것이다.

1999년에 삼성전자 미국 법인 가전 영업 책임자에게 이런 제안이 들어왔다.

"여기는 월마트입니다. 미국 최대 세일 기간을 앞두고 삼성전자의 DVD 50만 대를 구매하려고 합니다. 다만 대당 가격을 109~119달러로 맞춰 주세요."

원래 판매가인 199달러에는 크게 미치지 않았지만, 워낙 규모가 커 이익이 발생하는 상황이었다. 하지만 책임자는 제안을 단칼에 거절했다. 월마트 담당자는 의아해하며 한국 본사와도 접촉했지만 본사에서도 같은 답을 얻었다. 그들은 말로 표현하지는 않았지만, 모두 이런 생각을 하고 있었다.

'나는 내가 파는 제품을 일류 상품이라고 생각합니다. 아무리 이득이 남는다고 해도 삼성전자의 제품을 3류 수준의 가격으로 판매할 수 없습니다.'

아마 자신의 성과만을 생각하는 사람이었다면, 분명 납품을 강행했을 것이다. 그래야만 실적이 오르고, 승진하는 데 유리하기 때문이다. 하지만 삼성의 임원들은 자신만을 위한 길을 선택하지 않았다. 그들은 마치 자신이 다니고 있는 회사를 자신이 운영하는 회사처럼 생각하고 행동했다. 보통 사람들과 일을 대하는 태도 자체가 다른 것이다. 태도가 다르니, 인생이 달라질 수밖에 없지 않겠는가.

한 교육평론가가 인터뷰에서 이런 말을 했다.

"삼성이 지방대 출신을 35%나 뽑는 이유가 궁금해 인사 담당자를 직접 만나 봤습니다. 이유는 이랬어요. 삼성이 스카이(SKY : 서울대 · 연세대 · 고려대) 출신들을 선발한 뒤 수년간 그들을 살펴보았더니 기대만큼의 퍼포먼스를 보이지 않았다는 것입니다. 스펙이 전부가 아니라는 것을 깨달은 것이죠."

우리는 지금까지 삼성의 임원들이 삼성에 얼마나 큰 영향을 미치고 있고, 임원 출신이 삼성이 아닌 다른 곳에서 한국 사회에 얼마나 많은 영향을 주는지 알아보았다. 삼성 인사 담당자의 말처럼 그들이 엄청난 성과를 낼 수 있었던 가장 큰 요인은 스펙이 아니다.

여기에서 우리는 희망을 발견할 수 있다. 우리는 태어날 때 환경이나 재능을 선택할 수 없다. 현명한 삶을 살고 싶다면, 가장 먼저 우리가 노력해서 얻을 수 없는 것을 포기해야 한다. 좋은 환경에서 태어나지 않았다고, 훌륭한 재능을 가지고 있지 않다고 자신의 상황을 탓한다고 해서 달라지는 것은 아무것도 없다.

그렇다면 우리가 통제할 수 있는 것은 무엇일까? 우리 스스로 통제할 수 있는 유일한 것은 바로 자신의 태도이다. 당신은 지금 어떤 환경에서 살고 있는가? 낙원처럼 모든 것이 풍족한가? 아니면 지옥처럼 열악한가? 자신이 살고 있는 세상을 낙원으로 만드느냐, 지옥으로 만드느냐는 바로 당신의 태도에 달려 있다. 태도에 따라 세상에서 겪는 일의 처리 방법이 결정되기 때문에 태도는 그야말로 성공적인 삶과 비참한 삶을 구분 짓는 결정적인 열쇠라 할 수 있다.

따라서 어떤 인생에도 낭비란 있을 수 없다. 어떤 사람이 10년 동안 아무 일을 하지 않고 작은 취미 생활만 했다고 가정해 보자. 그 사람이 보낸 시간이 낭비였는지 아닌지는 10년 후에 그 사람이 무엇을 하고 있느냐에 달려 있다. 지금 당장 그 사람을 평가할 수 없다. 사람 일은 모르는 것이라 하지 않았던가. 가장 중요한 것은 그 시간 동안 스스로 무엇을 느끼고 배웠느냐이다.

물론 우리의 인생은 참 불공평하다. 나도 알고 있다. 풍족한 가정에서 태어난 아이들은 시작부터 다른 삶을 산다. 게다가 재능까지 타고났다면 평범한 사람들보다 훨씬 앞에 서서 인생을 시작하게 되는 것이다. 하지만 이것이 불공평하다고 생각하고 세상 탓만 하고 있으면 무엇하겠는가. 징징거린다고 세상은 바뀌지 않는다. 미안하지만 사람들은 징징거리는 사람을 먼저 밟고 지나간다. 그러니 세상이 불공평하다고 생각되면, 당신이 세상의 룰을 바꿀 수 있는 사람이 되어 세상이 공평하게 돌아갈 수 있게 만들면 된다.

세상은 바꾸는 자의 몫이다. 어떠한 상황에 처하든 그에 대한 반응은 우리의 태도로 통제할 수 있다. 결국 오늘 처한 모든 상황은 내가 어제까지 어떤 태도로 살았느냐에 따른 결과이다. 삶을 대하는 태도가 탁월하면 세상이 올바르게 돌아간다는 생각이 든다. 태도가 부적절하기 때문에 세상이 올바로 돌아가지 않고 불공평하다고 생각되는 것이다.

인생은 늘 변화한다. 짐작할 수 없는 수많은 일이 벌어지는 이 세상에서 우리는 얼마든지 멋진 일을 만날 수도, 시련을 겪을 수도 있다. 매 순간 어떻게 살아갈지는 순전히 우리 자신의 태도에 달려 있다. 이때 태도를 통해 시련을 잘 극복할 수 있는 방법을 마련할 수 있다.

평범한 사람이라도 하루하루 탁월한 태도를 선택하면 탁월한 사람으로 성장하게 된다. 가장 무서운 것은 하루하루 쌓여 생기는 힘이다. 하루가 일주일, 한 달 혹은 평생 동안 이어져 당신을 성공할 수밖에 없는 사람으로 만들어 줄 것이다.

삼성그룹에서 강연을 할 때면 삼성의 임원들은 강연이 진행되는 내내 훌륭한 태도를 유지하며 자신을 특별 대접하고 있다는 것을 느낄 수 있었다. 하지만 그 외의 사람들은 임원들처럼 훌륭한 태도를 유지하지 못했다. 물론 그중에 임원들과 유사한 태도를 보여 준 사람도 있었다. 나는 그들이 몇 년 후에 삼성의 임원이 될 것이라 확신한다. 고졸 출신이든, 지방대 출신이든 당신이 상황을 변화시킬 수 없다면, 그 상황에 임하는 태도를 바꾸길 바란다.

당신 스스로에게 최고의 삶을 선사하라. 여러분에게 최고의 삶이란 어떤 것인지 파악하고, 자신을 돌보도록 하라. 최고의 하루하루를 자신에게 선사하면 결국 최고의 삶을 일구어 낼 수 있을 것이다. 그리고 최선을 다하라. 그것이 바로 당신의 태도가 된다. 그 태도가 당신의 내일을 만든다는 것을 항상 명심해야 한다.

다른 사람의 말은 신경 쓰지 말라

대부분의 사람이 언제나 탁월한 태도를 유지하길 원한다. 하지만 직장이라는 곳은 우리가 탁월한 태도를 유지하는 데 도움을 주지 않는다. 오히려 방해하며 좋지 않은 태도를 가지게 만든다. 그렇게 되는 데 가장 결정적인 역할을 하는 것이 바로 '사람'이다. 언제나 사람이 우리를 힘들게 한다. 어느 조직에 가든 그런 사람이 꼭 존재한다.

2012년, 삼성그룹은 사장단 인사에서 박근희 사장을 삼성생명 부회장으로 파격 승진시켰다. 그는 유학도 다녀오지 않은 토종 지방대 출신이었다. 하지만 그는 의외로 자신의 스펙에 자부심을 가지고 있었다. 대부분의 기업 사장은 이름만 들어도 알 수 있는 해외 대학을 졸업한 반면, 그는 해외 대학은커녕 국내 명문 대학교도 졸업하지 못했지만 언제나 자신 있게 이렇게 말했다.

"상고와 지방대 출신이라는 점이 걸림돌이 된 적은 없다. 스펙보다 각 분야에서 내공을 쌓는 게 더 중요하다."

탁월한 삶의 태도를 지닌 그이지만 그 역시 시기와 질투로 무장한 사람들에게 이런 이유 없는 비난을 받았을 것이다.

'지방대 출신 주제에 왜 이렇게 승진이 빨라?'

'뭐야, 누가 뒤를 봐 주고 있는 거 아니야?'

이런 비난을 받으면 보통 사람들은 "말도 안 되는 소리 하지 마. 네가 나를 알아?"라고 반문하며 자신의 감정을 숨김없이 보여 줄 것이다. 간혹 하지 말아야 할 말을 하게 될 수도 있다. 그런 반응이 바로 그들이 원하는 것이다. 그들의 수법에 걸려들면, 대화가 거의 끝날 쯤에는 힘이 바닥나고 공허한 마음만 든다. 그리고 지금까지 유지해 온 탁월한 태도에 상처를 입게 된다.

그들의 수법에 걸려들지 않기 위해서는 그들의 말이 아닌 나 자신의 삶의 태도를 지키는 데 집중해야 한다. "운이 좋았습니다."라는 식으로 말하며 그 자리를 떠나는 것이 가장 좋은 방법이다. 종종 이런 사람들이 싫어 이직을 고민하는 사람도 있다. 분명히 말하지만 그것은 어리석은 선택이다. 앞서 말했듯 어느 조직에 가든 비슷비슷한 사람이 존재한다. 피하는 것이 방법이 될 수는 없다. 최대한 스스로를 낮추고 상대방을 이해하려는 마음을 통해 궁극적으로 자신을 보호하는 것이 최선이다.

그는 한 인터뷰에서 참된 인간상에 대해 이렇게 말했다.

"아무리 실력이 좋아도 인간성이 떨어진다면 조직 문화에 적응할 수 없습니다. 직장이란 곳은 결국 사람과 사람이 만나서 무언가를 함께하는 집단이라는 것을 잊어서는 안 됩니다. 같은 길을 가는 동료이고 상사인데 왜 함부로 비판하는 것입니까. 그 시간에 내가 저 사람의 위치에 있으면 어떻게 생각하고 판단할 것인지를 사고하는 습관을 길러야 합니다. 감정적인 비판은 어떤 도움도 되지 않습니다. 서로를 해칠 뿐입니다."

그의 말처럼 생산적으로, 긍정적으로 생각하는 것이 중요하다. 부정적인 사람은 어떻게 사물을 볼까? 그리고 하루를 어떤 마음으로 어떻게 살까? 깊게 생각하지 않아도 뻔하다. 그 차이가 모이면 인생에 얼마나 커다란 영향을 미칠지 생각해 보라.

삼성의 비리를 밝힌 김용철 변호사는 《삼성을 생각한다》에서 삼성의 사장단 회의 분위기를 이렇게 비판했다.

> 삼성 사장단의 분위기가 어떤지 아느냐? 거의 종교적인 분위기이다. 물론 교주는 이건희 회장이다. 회의에 참석하기 전에 사장들은 국물이 있는 음식을 먹지 않는다. 보통 5~6시간이 훌쩍 넘도록 회의를 하는데, 도중에 화장실에 간다며 일어서는 일이 없도록 하기 위해서이다. 이 회장은 어떤 주제에 대해 한 번 말문이 열리면 끝없이 이야기한다.

회의에 참석한 사장들은 묵묵히 듣고만 있어야 한다. 삼성 사장단 회의 풍경을 보면, '잘 먹고 잘 살자고 저렇게까지 해야 하나'라는 생각이 들면서 서글퍼진다.

이 책을 매우 흥미롭게 읽은 독자가 꽤 많다. 물론 책 속에 거론된 삼성의 문제점은 분명히 심판받아야 한다. 하지만 책으로써 이 책에 대한 내 평가는 그다지 좋지 않다. 독자에게 어떤 영감이나 도전을 주는 책은 아니라는 생각이 든다. 그저 몰랐던 것을 알 수 있다는 점에서 흥미로운 책이다.

하지만 김용철 변호사와 마찬가지로 임원을 지내고 나온 사람 중에 유익한 책을 쓴 사람도 꽤 많다. 아무것도 없는 오지에서 도전을 거듭한 끝에 엄청난 성과를 거둔 이야기, 모두가 이길 수 없을 거라 말한 다국적 기업을 마침내 뛰어넘은 이야기 등은 우리에게 큰 자극을 준다. 그들과 똑같이 삼성 임원을 지내고 나와서 김용철 변호사는 그저 흥미 위주의 고발성 내용이 담긴 책을 쓴 것이고, 또 어떤 사람은 청춘들에게 열정을 불러일으킬 만한 책을 쓴 것이다. 과연 어떤 쪽이 우리에게 긍정적인 역할을 할까?

분명 세계적인 기업 삼성이 조금 더 분발할 수 있도록 비리를 고발하는 책도 큰 가치가 있다. 하지만 비평은 누구나 할 수 있는 반면 창작은 누구나 할 수 없다는 판단 기준에서 평가해 보면, 누구의 이야기가 더 가치 있는지 쉽게 답이 나온다.

나는 김용철 변호사에게 묻고 싶다. '잘 먹고 잘 살자고 저렇게까지 해야 하나'라는 생각은 정말 그들에게 물어 보고 얻은 답변인가 아니면 혼자만의, 자신의 삶의 태도를 기준으로 생각한 추측인가. 사람은 어쩔 수 없이 자신의 삶의 태도로 주위를 바라볼 수밖에 없다. 삼성의 임원들이 억지로 5시간이 넘는 회의에 참석하고, 도중에 화장실에 가지 않기 위한 이유 하나로 국물이 있는 음식을 먹지 않는다고 말하는 것 역시 바라보는 삶의 태도에 따라 얼마든지 다르게 해석할 수 있다.

지금까지 책에서 밝혔듯 삼성의 임원들은 억지로 일하는 사람들이 아니다. 스스로 일에 몰입하기 위해 다양한 방법을 사용하며, 무엇이든지 해내고야 말겠다는 삶의 태도를 가진 사람들이다. 그들의 삶의 태도로 바라보면, 김용철 변호사의 주장과 전혀 다르게 해석할 수 있다. 화장실 때문에 회의의 흐름을 깨고 싶지 않다는 의지와 해내고야 말겠다는 절실함이 너무 강력해서 5~6시간이 흘렀는지조차 인지하지 못할 수도 있다. 자신의 삶의 태도로 세상을 바라보는 것은 '눈에는 눈, 이에는 이'의 자세로 세상을 판단하는 것과 다르지 않다. 지극히 비효율적이다.

《주역》에 이런 말이 나온다.

인자견지위지인 지자견지위지지(仁者見之謂之仁 知者見之謂之知).

'어진 사람은 어떤 일을 보았을 때 어질다고 보고, 지혜로운 사람은 어떤 것을 보았을 때 지혜롭다고 본다. 즉 같은 사물이라도 보는 사람에 따라 시각이 다르고 견해가 다른 것이다.'라는 의미이다.

삼성이 많은 견제를 받고 있는 것이 사실이다. 수많은 책에서 그리고 언론에서 삼성의 치부에 대해 이야기한다. 그런 지탄을 받으면 사실 안에서 일하는 임원들은 견디기 쉽지 않을 것이다. 중요한 것은 바로 그때 중심을 잡는 것이다. 삼성의 임원들은 그런 문제로 힘들어질 땐 마음을 다스릴 시간을 갖는다. 묵묵히 일을 하다 보면 자신에 대한 평가가 달라지기도 하고, 감정이 얽힌 문제라면 어느 순간 자연스럽게 사라지기도 한다. 시간을 보내며 최대한 자신의 일에 집중하는 것이다.

대문호 괴테는 이렇게 말했다.

"남의 비평에 대해 자기를 방어할 수는 없다. 이런 것에 개의치 않고 행동하는 것만이 타인의 혹평으로부터 자기를 구하는 길이다."

남의 이야기에 쉽게 마음이 흔들리면 아무 일도 할 수 없다. 그러다가 결국 내 일이 아닌 남의 일을 하는 사람이 되어 버린다. 남의 이목과 말에 흔들린다면 그것은 당신의 삶이 아니다. 당신을 흔들리게 만든 그 사람의 인생을 사는 것이다.

자신이 선택한 일에 대한 믿음을 가지고 그것으로 승부를 보겠다는 강한 마음을 가져라. 그러면 어떤 상황이 닥쳐도 흔들리지 않고 강인하게 대처할 수 있다. 그 누구도 우리의 탁월한 태도를 흔들어 놓을 수 없다. 더구나 당신이 잘되면 당신에 대한 평가도 달라진다. 다른 사람의 말이 아닌 당신의 업적을 통해 평가가 바뀌어야 한다. 현명하게 일하는 사람들은 공통적으로 그러한 생각을 하고 있다.

탁월한 태도가 탁월한 내일을 만든다

1992년 10월 10일, 이화여대 교정이 들썩였다. 당시 한참 인기를 끌던 '서태지와 아이들'이라도 나타난 것일까? 아니면 교정에서 인기 드라마 촬영이라도 한 것일까? 놀랍게도 학생들은 모두 신문을 뚫어져라 읽고 있었다. 대체 무슨 기사가 났기에 모든 학생이 집중하며 신문을 읽고 있었던 것일까? 그날 중요 일간지 1면에 삼성그룹의 '남녀사원 모집' 광고가 실렸다.

삼성은 여성 경영자 시대도 앞서 열어 갑니다.

여성 경영자가 흔한 지금은 별 것 아닌 일로 치부해 버릴 수도 있으나, 그 당시 여대생들은 남녀 차별이 없는 공개채용을 애타게 기다렸다. 당시만 해도 여성들에게 대기업 입사는 꿈같은 일이었다. 대부분의 기업이 서류전형 단계에서부터 여성을 받지 않거나 모집 직종에서 남녀를 구분했다. 여성이 응시할 수 있는 분야는 디자인, 비서, 소프트웨어 분야 등에 국한되어 있었다. 그로 인해 많은 여대생이 취업을 포기하고 결혼을 하곤 했다. 그나마 남녀 차별이 없던 언론사나 공무원 시험에 지원하는 게 고작이었다. 상황이 그러했으니 삼성의 발표에 여대생들이 폭발적인 반응을 보이는 것은 당연했다.

전체 지원자 1만 1,600명 중 13%인 1,510명이 여성이었다. 남성들과의 치열한 경쟁 끝에 139명의 여성이 1993년 3월, '여성 공채 1기'라는 이름표를 달고 입사했다. 그로부터 20년이 지난 지금 현재 삼성그룹의 국내외 임직원 21만 명 가운데 여성은 29%인 6만 명이다.

10년 전만 해도 우리나라 대기업에서 임원이 되려면 다음의 조건을 갖추고 있어야 했다.

- 무조건 남성
- 40대 후반의 나이
- 4년제 명문대 출신

하지만 이제는 모든 것이 변했다. 이제는 이런 조건을 가지고 있어도 임원이 될 수 있다.

- 고졸 출신
- 지방대 출신
- 30대 여성

고졸 임원들은 학력 타파의 대표적 상징으로 꼽힌다. 2012년 기준, 삼성전자의 고졸 출신 임원은 무려 194명이다. 나라의 권유로 상징성 있게 한두 명만 채용한 것이 아니었다.

물론 엄밀히 말해 그들의 최종 학력은 고졸이 아니다. 고등학교를 졸업한 뒤 입사했다는 뜻일 뿐이다. 대부분은 회사에 다니면서 야간대학이나 대학원을 나와 실제로는 대졸 학력자가 많다. 실력만 있다면 고졸 출신이라도 임원이 될 수 있는 환경이라는 것을 말하고자 하는 것이다.

나는 이런 상황을 부정적으로 바라보지 않는다. 같은 고졸 사원이지만 누군가는 자신의 한계를 중간 정도로 정해 두고, 누군가는 임원으로 정해 두었을 뿐이다. 그리고 그 목표를 향해 하루하루 나아갔을 뿐이다. 고졸이라는 학력에 구애받고 '나는 고졸이라는 낙인 때문에 이 정도 이상은 힘들 거야.'라고 낙망하며 세월을 보낸 사람은 결국 자신의 생각대로 그 정도가 한계인 삶을 살게 된다. 그러나 고졸이지만 최고의 목표를 정한 사람은 전혀 다른 시각으로 삶을 바라본다.

'그래! 회사에 다니면서 어떻게든 시간을 내 대학까지 가자!'

물론 자신의 능력을 고졸로 낙인찍은 사람들은 이런 발상조차 하지 못할 뿐 아니라 이렇게 대학을 다니는 동료를 보면 "부서가 좀 한가한가 보네?"라고 비아냥거리며 자신의 게으름을 합리화시킬 것이다. 하지만 그들은 일이 많지 않은 부서에서 근무했기 때문이 아니라 끝까지 포기하지 않는 집념 때문에 대학을 졸업할 수 있었던 것이다. 목표를 정하면 죽어도 이루고야 마는 그런 사람들이 바로 삼성의 임원들이다.

고졸 출신 임원에 대한 기사를 읽다가 결국에는 그들이 대학을 졸업했다는 문구를 발견하면 "에이, 결국 대학은 나온 거잖아. 그런데 왜 고졸 출신이 대단한 일을 이룬 것처럼 떠드는 거야?"라고 비아냥거리는 사람이 분명 있다. 그들은 전혀 다른 시각으로 세상을 바라보는 것이다. 그들은 그저 고졸 출신이 아닌 것에만 집중하고, 그들이 고졸 사원으로 입사해서 어려운 업무를 해 내며 동시에 대학 공부까지 마친 무서운 집념과 마음가짐은 아예 거들떠보지도 않는다. 어디를 어떻게 바라보느냐에 따라 그 사람의 삶이 달라진다. 부정적인 태도를 가진 사람들은 고졸 임원들의 신화를 보며 이렇게 말하곤 한다.

"고졸 출신이 임원이 되는 것! 물론 좋은 현상이야. 하지만 그게 정말 자신의 실력으로만 된 것일까? 그들의 승진 이유를 들춰 보면 분명 꼼수가 있을 거야. 정말 능력 있는 사람이 승진해야 하는데, 줄을 잘 서고 아부를 잘하는 사람이 승진을 하다니! 정말 안타까운 현실이야. 이게 바로 우리나라에 깊게 뿌리박힌 관습이지."

그들은 왜 이런 식으로만 세상을 바라보는 것일까? 그들은 고졸 출신 임원들이 어떤 생각을 가지고 얼마나 열정적으로 일했는지에 대해서는 관심이 없다. 그저 '삼성', '고졸', '임원'이라는 키워드만 가지고 단순하게 판단하는 것이다. 가치관이 완벽하게 잘못되어 있기 때문에 그들은 다른 판단을 하지 못한다.

중요한 것은 '삶에 대한 태도가 행동을 결정한다'는 사실이다. 그리고 사람은 결국 행동하는 대로 살게 된다. 따라서 바보는 그냥 바보가 아니다. 바보처럼 생각하고 바보짓을 하기 때문에 바보이다. 바보로 살고 싶지 않다면 당장 가치관을 바꾸고 궁극적으로 올바른 태도를 가져야 한다.

삼성전자의 한 임원은 스스로 일에 부정적인 태도가 생길 때마다 이런 생각으로 상황을 이겨 나간다고 한다.

"어떤 일을 더 집중적으로 하려면 재미만이 아니라 의미도 있어야 한다고 생각합니다. 일을 하는데 싫증이 날 것 같을 때가 있죠. 저는 그럴 때 '내가 왜 이 일을 했지?', '내가 하고 있는 일이 나한테 어떤 의미가 있지?' 그러다가 '이 일이 내 주변 사람들을 혹은 세상의 흐름을 바꿀지도 몰라'라고 생각합니다. 재미와 의미를 같이 찾아가는 방식이죠."

환경은 선택할 수 없지만, 태도와 세상을 바라보는 시각은 내가 원하는 대로 선택할 수 있다. 그렇다면 어떤 선택을 해야 잘하는 것일까? 사람들이 큰소리를 내고, 흥분하고, 싸우고, 오해하고, 실망하는 이유는 무엇일까? 누구나 화나고, 흥분하고, 모든 상황을 부정적으로 바라볼 수밖에 없는 순간이 있게 마련이다. 하지만 사실 그것은 자신의 선택이다. 고통을 선택할 것인지, 행복을 선택할 것인지 그것은 오로지 당신의 선택에 달려 있다. 나는 당신이 삼성의 임원들처럼 탁월한 태도를 선택하기를 바랄 뿐이다.

일을 즐길 수 있는 세 가지 비법

작년에 삼성의 임원을 그만 두고 개인 사업을 시작한 한 사람이 있다. 나는 그를 지난 3년 동안 지켜봤는데, 그가 일을 하면서 "피곤하다.", "좀 쉬고 싶어."라고 말하는 것을 한 번도 본 적이 없다. 그와 비슷한 말도 하지 않았다. 어느 날, 그에게 이렇게 물었다.

"아니, 그렇게 열심히 일하는데 피곤하지 않으세요?"

그러자 그는 미소를 보이며 이렇게 답했다.

"피곤이요? 저는 일을 할 때 피곤하다고 생각한 적이 한 번도 없습니다. 열정을 다해 일하는 사람들은 피곤함을 잘 느끼지 못하죠. 그들은 일을 해냈을 때 '피곤하다'가 아닌 '해 냈다'라고 말하죠. 자, 생각해 보세요. 김연아 선수가 대회에 나가서 연기를 마친 후에 '피곤해 죽겠어'라고 말하는 것을 본 적이 있나요? 자신이 하고 싶은 일을 열정적으로 하는 사람에게는 피곤이란 것이 없어요. 저 역시 마찬가지입니다. 미친 듯이 몰입해서 일을 하다가 문득 정신을 차렸는데, 시간이 훌쩍 지나 있을 때가 있죠. 그럴 때는 피곤함이 아닌, 시간이 너무 빨리 흘러 아쉽다는 생각이 듭니다."

그는 자신의 신입 시절을 떠올리며 즐겁게 일할 수 있는 세 가지 비법을 소개해 주었다.

1. 도도한 삶을 살아라

"직장인은 너무 힘들어. 나도 작가나 해 볼까?"

"대학까지 나온 나한테 복사나 하라고?"

이런 말을 하는 사람들의 공통점은 모든 말에 '나'를 붙인다는 것이다. '작가나 하고', '복사나 하고'를 '작가도 하고', '복사도 하고'로 바꿔 보면 어떨까? 일단 스스로 부정적인 느낌에서 벗어날 수 있을 것이다. 무슨 일을 하든지 열정적으로 하는 사람은 절대 '나'라는 말을 붙이지 않는다. 도도한 삶을 살아라. 지금까지 당신의 삶을 주도했던 소극적인 삶의 굴레에서 벗어나 팽팽한 긴장감이 감도는 열정적인 사람이 되어라.

2. 철든 사람이 아니라 훌륭한 가치관을 가진 사람이 되어라

우리는 철든 아이들에게 "어른스럽다."라고 말한다. 나는 아이가 어른스럽다는 것은 불행한 일이라고 생각한다. 아이가 소리를 내 펑펑 울고 싶은데 당당한 척 고개를 들어야 하고, 대화를 나누기 싫은데 억지로 앉아 즐거운 듯 웃으며 대화를 이어 나가야 한다고 생각해 보라. 안타깝지 않은가. 어찌 보면 어른스럽다는 표현은 칭찬이 아니라 욕이다. 길들여질 충분한 준비가 되어 있다는 말과 다름없다. 어른도 마찬가지이다. 어른도 철이 드는 것은 반가운 일이 아니다. 더 이상 일을 즐겁게 할 수 없게 되었다는 신호이기 때문이다. 하지만 철이 들었다는 것과 가치관이 들었다는 것은 전혀 다르다.

훌륭한 가치관이 들었다는 것은 자신의 일을 알아서 하면서도 즐기게 되었다는 말과 같다. 왜 일을 해야 하고, 그것을 통해 자신이 무엇을 얻을 수 있는지 스스로 파악할 수 있다는 것이다.

3. 자신에게 어떤 능력이 부족한지 끊임없이 파악하라

한 임원은 10년 전 과장 시절에 자신의 문제점을 깨달았다. 다른 사람들은 그가 충분히 임원의 역할을 할 수 있을 것이라 생각했는데, 그에게는 한 가지 문제점이 있었다. 그는 대화 기술이 조금 부족했다. 그는 자신의 부족한 능력을 채워 나가고자 교회에 나가기 시작했다. 처음 한 달 정도는 목사가 하는 설교를 그냥 듣기만 했다. 그 후에는 그냥 듣는 게 아니라 설교 내용을 외우려 노력했다. 그리고 집에 돌아와 자신이 기억한 만큼 연설을 해 보았다. 그렇게 3개월이 지나자 그는 자신감이 생겼다. 나중에는 집중력까지 높아져서 그날 들은 30분의 설교를 별 어려움 없이 외울 수 있게 되었다.

당신에게 교회에 다니라고 이런 말을 하는 것이 아니다. 그가 자신의 부족한 능력을 깨닫고 노력하여 3개월 만에 전에 없던 엄청난 능력을 가지게 된 것을 말하고 싶은 것이다. 대화 부분에서도 그는 남다른 능력을 발휘했다. 순간적으로 상대방이 말한 것들을 기억하는 능력을 가지게 되었고, 그것을 발판 삼아 논리적으로 대화를 풀어 나갈 수 있었다. 그리고 그 경험은 고스란히 그가 가진 능력 중 하나가 되었다. 결국 회사에서도 이런 그를 높게 평가해 과장 때부터 중요한 협상이 있을 때마다 회사 대표로 참여시켰다. 사내에서는 그런 그가 임원이 되는 것은 당연한 일이라 생각했다.

당연한 존재가 되기 위해서는 비정상적인 노력을 해야 한다. 위의 3가지 방법을 자신의 삶에 적용해 보라. 노력하면 지금은 불가능한 것이 어느 순간 당연하게 변하여 직장에서 인정받는 순간을 경험하게 될 것이다. 그리고 자신도 모르게 일에 대한 사랑이 생기기 시작할 것이다.

삶의 원칙을 그대로 유지하라

잘못된 길에 들어선 사람들은 대부분 자기 방어적이다. 말이든 행동이든 평소에는 하지 않는 자기 방어적인 태도를 취하며 자신을 보호하려 한다. 그런 태도를 보이는 것은 자신이 하는 일이 잘못된 것이며 고쳐야 함을 인정하는 것과 다름없다. 예를 들어 이번 일주일을 독서 주간으로 정하고 3권의 책을 읽기로 결심했는데, 겨우 한 권의 책을 읽고 나서 이렇게 생각하는 것이다.

'눈이 아프네. 아무리 독서 주간이지만 이럴 땐 조금 쉬어 주는 게 좋지. 그래. 난 쉴 필요가 있어.'

누군가 당신에게 왜 책을 읽지 않느냐고 묻기 전에 이미 스스로 자기 방어를 할 수 있는 이유를 만들어 낸 것이다. 자기 방어로 얻을 수 있는 것은 잠시의 위안뿐이다. 다른 것은 없다. 혹시 무엇을 얻을 수 있다고 해도 순간적인 욕구를 충족시킬 수밖에 없기 때문에 그 기간은 아주 짧을 것이다. 지금 당장은 하지 않아도 되지만 어느 정도 기간이 지나면 그것은 또다시 반드시 해야 할 일이 되어 당신의 목을 더욱 옥죌 것이다.

해야겠다고 마음먹었다면 반드시 해 내라. 성공은 언제나 당신을 노리고 있다. 당신이 성공하지 못하는 이유는 당신 스스로 정해 놓은 그 목표와 소망을 피해 가기 때문이다.

삼성의 임원들은 업무 때문에 비행기를 탈 일이 많다. 그들은 한목소리로 비행기 안에서 방해받지 않고 책 읽는 그 순간이 가장 행복하다고 말한다. 그들은 책을 읽을 수 있는 기회가 마련되면 고민하지 않고 책을 펼쳐 든다. 비행기에서 책을 읽는 것은 쉬운 일처럼 보이지만, 사실 비행기 안에서 책을 읽는 사람은 많지 않다. 대부분 게임을 하거나 영화를 보거나 그도 아니면 잠을 잔다. 나 역시 수십 번 비행기를 탔지만 비행기에서 책을 읽는 사람을 본 적이 많지 않다. 삼성의 임원들처럼 시간이 나면 반드시 책을 읽어야 한다는 원칙을 가지고 있지 않기 때문이다.

단 1분이라도 시간이 나면 그 시간을 책에 투자하겠다는 원칙을 세워라. 그렇다면 할 일이 많다 해도 분명 틈을 내 독서를 하게 될 것이다. 바로 이것이 끝까지 자신이 정한 목표를 추구할 수 있는 사람이 되기 위한 가장 기본적인 단계이다. 성공한 사람들의 공통점은 어떤 난관에 봉착해도 자신이 세웠던 원칙을 일관되게 유지했다는 것이다. 하지만 실패한 사람은 나름대로 핑계를 늘어놓으며 자꾸만 원칙을 바꾼다. 그것이 바로 실패자가 빠져나오기 힘든 함정이다. 그러므로 새로운 유혹이나 손짓이 당신을 흔들어 놓지 않도록 굳건한 원칙을 가져야 한다. 물론 이런 유혹이 당신을 괴롭힐 것이다.

'조금만 바꾸면 이익이 더 날 수 있을 텐데……'

'조금만 바꾸면 다른 사람에게 조금 더 인정받을 수 있을 텐데……'

'조금만 바꾸면 이 지긋지긋한 상황에서 벗어날 수 있을 텐데……'

이럴 때는 그 누구의 말도 들을 필요가 없다. 오로지 당신 마음의 목소리에 귀 기울이고 이렇게 질문해 보라.

"나는 지금 무엇을 추구하는가?"

이렇게 질문을 던져도 원칙에 대해 또다시 흔들린다면 다시 한 번 더 질문하라.

"지금 내가 해야 할 행동과 생각은 내가 알고 있는 나의 행동, 생각과 일치하는가?"

그렇게 질문해 보면 모든 것이 분명해질 것이다. 원칙만 지킨다면 제아무리 높은 지위에 있다 해도 뇌물을 받고 명예가 실추되는 일이 생기지 않을 것이다.

원칙은 고속도로의 제한속도와 같다. 제한속도만 지키면 아무 문제가 없다. 고속도로에서 무슨 일이 있어도 100킬로미터 이하로 주행한다는 원칙만 가지고 있으면 어디에 무인 측정기가 있는지 애써 찾아보며 주의를 기울일 필요가 없다. 원칙을 지키지 않으려 하기 때문에 신경을 쓰는 것이다. 무너진 당신의 삶을 되돌리고 싶다면 지금 처한 현실에 연연하지 말고 조금 더 멀리 바라보며 원칙을 고수하라.

비움이 진정한 내공을 만든다

이런 말을 자주 들어보았을 것이다.

"저 사람, 내공이 장난 아니야."

삼성의 임원들 역시 내공이 엄청나다. 여기서 우리가 알아야 할 것은 내공은 채우기만 하는 것이 아니라는 것이다. 속이 꽉 찬 사람이 마음을 적당히 비우는 것이야말로 바로 진정한 내공이다.

노자의《도덕경》에 이런 말이 있다.

지이영지 불여기이(持而盈之 不如其已).

'가지고 있으면서 더 채우려고 하는 것은 멈추는 것만 못하다'라는 의미이다. 마음이 비어야 세상의 다양한 것을 자신의 시각으로 바라볼 수 있게 된다. 자기 안에 꽉 채우려고만 하면 그것은 자만이 된다.

내공을 쌓기 위해서는, 즉 자신을 비우기 위해서는 초심을 기억하려는 노력이 필요하다. 보통 신입사원들은 부하 직원들을 못살게 굴고, 하청업체를 을로 여기며 노예처럼 부려먹는 상사를 보면서 이렇게 생각한다.

'나는 저 자리에 올라가면 절대 저렇게 하지 않을 거야.'

하지만 사실 그 자리에 올라가면 그렇게 변할 수밖에 없는 환경이 만들어져 있다. 당신의 상사도 신입사원 시절에 '나는 저러지 말아야지'라고 생각했을 것이다. 높은 자리에 오르면 수많은 사람이 아부를 하고, 잘 보이기 위해 없는 말도 지어 낸다. 그런 환경에서 초심을 기억하는 것은 정말 어려운 일이다. 하지만 분명한 것은 초심을 지키는 자가 진정한 리더가 된다는 것이다.

2009년, 삼성전자 상임고문이었던 윤종용은 세계적인 잡지《하버드 비즈니스 리뷰(Harvard Business Review)》에서 '세계에서 가장 경영 성과가 좋은 최고경영자' 2위로 선정되었다. 당시 그가 2위에 오른 것은 최대 이변 중 하나였다. 1위는 애플의 스티브 잡스였다.

당시 《하버드 비즈니스 리뷰》는 그를 이렇게 평가했다.

윤종용 고문은 30년간 삼성에서 일한 뒤 CEO가 되어 삼성을 메모리칩 반도체와 '미투(me-too · 모방)' 제품 정도를 내놓던 회사에서 최첨단 휴대전화 등 디지털 제품을 내놓는 혁신 회사로 바꿔 놓았다.

그가 CEO로 있는 동안 삼성전자는 누구도 넘볼 수 없었던 세계 최강 소니를 제치고 전자업계 세계 1위 자리에 올라섰다. 하지만 그는 고개를 저으며 이렇게 말했다.

"이 세상에 나보다 훨씬 뛰어난 CEO가 많은데, 나를 선정한 것은 정말 뜻밖이다."

그리고 삼성의 성공에 대해서도 "여전히 진행형에 불과하다."라고 말하며 섣부른 자만을 경계했다.

사실 그는 스티브 잡스와 어깨를 견줄 만한 실적을 냈다. 하지만 그는 결코 자만하지 않았다. 오히려 자신은 부족한 사람이라고 표현하며 더욱 더 열심히 해야 한다고 말했다. 나는 이것이 임원이 가져야 할, 리더가 가져야 할 전형적인 태도라고 생각한다. 그는 스스로 겸손했기 때문에 끝까지 자신의 성과를 이어갈 수 있었고, 임원으로서의 역할을 훌륭하게 수행할 수 있었다. 만약 그가 자신의 성과에 빠져 초심을 잃었다면 어땠을까? 분명 그동안 쌓아 왔던 것이 무너져 내렸을 것이다.

어떤 일을 하든지 초심이 가장 중요하다. 일이 잘되지 않는 이유는 처음 시작했을 때의 그 간절하고 초조했던 마음을 잃어 버렸기 때문이다.

직장에서도 그런 사람을 쉽게 찾아볼 수 있다. 입사 초기에는 모두의 기분을 즐겁게 만들어 주겠다며 회식을 할 때마다 앞에 나가 열정적으로 춤을 추던 사람이 어느 정도 시간이 흐르자 자신의 기분이 좋지 않다며 회식을 하는 내내 인상을 쓰고 구석에 앉아 있는 상황도 그중 하나이다. 초심을 잃어 주변 사람들을 아예 생각하지 않게 된 것이다. 결국 그러한 일들이 쌓이고 쌓여 그는 주변 사람들과 관계가 멀어질 가능성이 크다.

강의를 자주 다니다 보니 한 기업에 여러 차례 강의를 가게 되는 경우가 생기는데, 5년 전까지만 해도 과장이었던 사람이 임원이 되어 내 앞에 나타나 놀란 적이 있다. 그때 함께 만났던 다른 과장은 그 회사의 차장에 머물러 있었다. 그동안 그들에게 무슨 일이 있었던 것일까? 대체 무슨 일이 있었기에 한 사람은 임원이 되고, 다른 한 사람은 차장에 머물러 있는 것일까? 답은 임원과 차장인 그들의 직급처럼 명쾌했다. 한 사람은 초심을 녹슬게 방치해 둔 반면, 다른 한 사람은 초심을 갈고닦아서 최고의 상태로 진화시킨 것이다.

어찌 보면 정상에 오르는 치열한 과정이 인생에서 가장 의미 있고 아름다운 시간일지도 모른다. 그러나 일단 정상에 올라서고 나면 땅바닥에 떨어지는 일만 남게 된다. 높은 자리에서 영화를 누리고 있을 때 위태로움을 생각하며 두려워해야 한다.

초심을 기억하라. 그리고 삶에 두려움을 가져라. 그것이 바로 진짜 내공을 가진 사람의 자세이다. 교만을 경계하고 두려워하라. 두려워하지 않으면 두려운 일을 당하게 될 것이다.

자신의 일을 사랑하라

모든 직장인이 자신이 원하는 곳에서, 자신이 원하는 일만 하며 살 수는 없다. 삼성의 임원들 역시 마찬가지이다. 그들도 처음에는 다른 신입사원들처럼 회사에서 지정해 준 곳에서 일을 시작했다. 기획 업무를 하고 싶었지만 인사 부서로 발령이 난 사람도 있고, 해외 업무를 하고 싶었지만 판매 부서로 발령이 난 사람도 있다.

많은 신입사원이 자신이 하고 싶은 일을 맡지 못하면 투정을 부린다. 그러고는 그 회사를 계속 다녀야 하는지, 그만 두어야 하는지 고민한다. 하지만 삼성의 임원들은 이렇게 생각하고 도전했다.

'고민은 잠시 접어 두고 후회를 하더라도 일단 해 보고 후회하자. 그리고 이왕 하는 거 정말 잘해 보자. 그래서 반드시 인정받자.'

이러한 과정을 통해 그들은 다른 직원에게서는 찾아볼 수 없는 주인의식을 가지게 된 것이다.

삼성의 한 임원은 주인의식에 대해 이렇게 말했다.

"처음에는 이 일이 내 일이 아닌 것 같았어요. 원하는 일이 아니었으니까요. 하지만 태도를 달리했죠. 제 일을 사랑하기로 했습니다. 그때부터 매일 늦게까지 회사에 남아 자료들을 뒤져 가며 공부했죠. 아는 만큼 보인다고, 당장 바꿔야 할 것들이 보이더군요. 그래서 제가 생각한 것들을 문서로 만들어 회사에 제출했어요. 얼마 되지 않아 의견이 반영되어 제도가 바뀌기도 했어요. 그런 것을 보며 '아, 내가 굉장히 중요하고 의미 있는 일을 하고 있구나.'라는 생각이 들었어요. 그런 생각이 드니 자연스럽게 일에 대한 흥미가 생기더라고요."

자신이 하는 업무에 어떠한 의미가 생기는 것은 매우 중요하다. 사실 일의 의미는 본인 스스로가 부여하기 나름이다. 삼성의 임원들은 자신이 원하지 않은 일을 맡아도 우선은 열심히 해 보자고 생각했고, 그 생각으로 인해 일에 대한 의미를 찾았다. 그리고 의미를 바탕으로 재미있게 일을 하고, 결국 기대 이상의 성과를 거두었다.

여기서 우리는 희망을 발견할 수 있다. 처음부터 자신이 원하는 일을 하는 사람은 생각보다 많지 않다. 거듭 말하지만 삼성의 임원들 역시 마찬가지였다. '일단 해 보자.'라는 마음에서 출발하여 그 일이 좋아지고, 결국 잘하게 된 경우가 많았다.

삼성의 임원들은 다음의 마음가짐을 가슴에 담고 일했다.

1. 진실한 마음으로 모든 순간에 최선을 다한다.
2. 모든 사람을 진심으로 대한다.
3. 모든 일의 밝은 면을 본다.
4. 상황과 때에 맞게 최선의 방법을 선택한다.

이처럼 태도를 달리해서 마음가짐을 바꾸면 조직 내 인간관계도 회복할 수 있다. 사실 자신이 맡은 일이 마음에 들지 않는 이유 중 가장 결정적인 것은 부서의 상사나 동료 때문일 가능성이 높다. 세상에서 가장 어려운 것이 바로 인간관계이다. 대부분의 사람이 나쁜 상사를 만나면 '왜 하필 나야?' 하고 생각한다. 하지만 마음가짐을 바꾸면 생각이 달라진다. 증오했던 상사라 하더라도 '이런 사람을 만난 것은 당장은 괴로울 수 있지만 직장 생활에 보약이 될 거야.'라고 생각해 보면 어떨까. 이렇게 마음가짐을 바꾸면 모든 상황이 다르게 보인다.

실제로 삼성의 한 임원은 만년 부장 시절을 겪으며 명예퇴직 위기에 놓였다가 마음가짐을 달리하여 극적으로 임원으로 승진할 수 있었다. 그는 만년 부장이던 시절에 자신의 팀원들을 진심으로 싫어했다. 그런데 사람의 마음이 상대방이 나를 싫어하면 나도 상대방이 싫은 법 아니겠는가. 부장이 팀원을 싫어하니 팀원들도 부장을 따르지 않았다. 이런 상황은 자연스럽게 성과 악화로 이어졌고, 그는 결국 임원으로 승진하지 못했다.

그러던 중에 부장은 마음을 바로잡고 앞서 제시한 네 가지 사항을 바탕으로 일하기 시작했다. 마음을 바꾸자 일을 하는 태도, 팀원을 대하는 태도가 달라졌다. 팀원 모두 밤새워 일하면 자신이 딱히 할 일이 있지 않아도 함께 자리를 지켰고, 팀원을 가족보다 더 사랑하는 마음으로 아꼈다. 그러자 부하 직원들 역시 자연스럽게 부장을 따르기 시작했다. 결국 그들은 그해 최고의 성과를 거두었다.

인생에서 벌어지는 일들의 원인과 결과는 정말 흥미롭다. 겨우 일을 대하는 태도 하나를 바꾼 것뿐인데, 많은 것이 달라진다. 분명한 것은 현재 어떠한 상황에 처해 있든지 언젠가 그 상황은 바뀌게 되며, 좋은 일을 하면 자신에게 좋은 결과로 돌아온다는 사실이다. 자신의 일을 사랑하라. 그 사랑이 당신에게 반드시 좋은 결과로 되돌아올 것이다.

보이지 않는 부분까지 완벽하게 통제하라

최근 대기업 임원들의 도덕성에 대한 문제가 대두되고 있다. 계속해서 대기업 임원들에 대한 문제가 터지자 한 방송사에서 한국의 4대 기업을 대상으로 장애인의 편의를 위해 만들어진 장애인 전용 주차 구역이 어떻게 관리되고 있는지 조사했다. 그 결과, 3개의 기업에서 놀라운 상황을 확인할 수 있었다.

- 장애인 전용 주차장이 임원들의 전용 주차장으로 전락했다.
- 장애인 전용 주차장이 임원들의 차량을 닦는 세차장으로 이용되고 있다.

3개 기업의 장애인 전용 주차 구역에 회사 차량으로 보이는 고급 승용차들이 주차되어 있었고, 그에 따른 단속은 이루어지지 않았다. 하지만 단 한 기업만은 예외였다. 서울 서초동 삼성그룹 본사 지하 주차장의 장애인 전용 주차 구역은 제대로 운영되고 있었다. 그곳에는 일반인 차량이 단 한 대도 세워져 있지 않았다.

사실 대기업의 지하 주차장은 직원이 아니면 외부에서 거의 접근이 불가능하다. 보이지 않는 곳이라는 의미이다. 그렇기 때문에 임원들의 도덕성을 확인할 수 있는 최적의 장소이다. 내가 삼성의 임원들에게 더 많은 기대를 걸고 있는 것은 이런 도덕심 때문이다.

2011년, 삼성그룹은 그룹 내 준법경영실을 신설하고 260여 명의 전담 인력을 갖추었다. 그리고 매우 엄격한 윤리경영 지침을 만들었다.

- 경조사 때 경조금이나 화환을 받지 않는다.
- 거래처 관계자와 사적으로 골프를 치지 않는다.
- 인사성 선물을 받지 않는다.
- 상품권 등 현물을 받으면 반드시 되돌려 주고, 상황이 여의치 않을 경우 인사팀에 신고한다.
- 업체와 식사를 할 때 삼성이 계산하되 불가피하게 업체가 계산할 경우 인당 2만 원을 넘지 않도록 하며 횟수가 빈번해지지 않도록 한다.

삼성은 이런 엄격한 윤리경영 지침을 만들어 실천하고 있으며, 임직원의 의식개혁도 지속적으로 추진하고 있다. 삼성은 지난해 말부터 전 계열사의 최고경영자(CEO) 및 임원들을 상대로 준법경영 평가를 진행하고 있다. 준법경영이 몸에 익지 않은 임원은 승진할 수 없도록 임원 평가도 확대·강화했다.

뉴스 등을 통해 기내와 같은 공공장소에서 부적절한 행동을 한 임원들의 이야기가 보도되어 많은 사람이 충격을 받았다. 임원의 말과 행동은 힘들게 쌓아 올린 회사 이미지에 큰 영향을 주기 때문에 더욱더 신중해야 한다. 하지만 그럼에도 그들이 자신을 제어하지 못하고 인격적으로 행동하지 못하는 이유가 있다.

이에 대해 괴테는 이렇게 말한다.

"증오심이 재능을 대신하고 있고 아주 하찮은 재능이라도 어떤 당파의 일원으로 등장하기만 하면 그럴듯하게 보인다네. 또한 세상에는 혼자서 독립할 만큼 충분한 성격을 가지지 못한 사람이 수두룩한데, 그들도 마찬가지로 어떤 당파에 들어가고 그로써 자신이 강해졌다고 생각하며 하나의 인물인 것처럼 으스대는 걸세."

그들은 결국 혼자서는 별다른 능력이 없지만, 대기업이라는 조직과 임원이라는 자리를 믿고 도덕성을 잃어버리는 것이다. 애초에 임원감이 아닌 사람이 그 자리에 앉으니 일어나는 일인 셈이다.

많은 기업이 신임 임원에게 윤리 교육을 하고 있지만 분명히 한계가 존재한다. 기업은 영리 집단이기 때문에 임원을 시키느냐 마느냐는 '도덕성'이 아니라 '경영 능력'이 결정하기 때문이다. 하지만 내가 삼성의 미래를 낙관하는 이유는 삼성의 경우는 조금 다르기 때문이다. 삼성은 우선 인성이 제대로 갖추어진 사람을 선택한 뒤 경영 마인드를 평가한다. 다른 기업과 우선순위가 전혀 다른 것이다.

다른 기업들과 삼성의 격차는 바로 여기에서 시작된다. 지금까지 삼성의 임원들의 수많은 능력과 삶의 태도에 대해 이야기했지만 결국 가장 중요한 것은 도덕성이다. 모든 능력은 도덕성이라는 틀 위에 쌓지 않으면 금세 무너지게 마련이다.

삼성의 임원들은 '힘없는 약자에게만 강해서는 안 된다. 상대방이 강할수록 원칙과 투명성을 갖고 일을 처리해야 한다.'는 공통적인 생각을 가지고 있다. 그 정신이 그들을 도덕적인 사람으로 만드는 것이다. 그들은 오히려 강한 상대일수록 거세게 밀어붙인다. 사회정의를 실현하기 위해서도 이 같은 원칙은 반드시 지켜져야 한다고 생각하기 때문이다.

또한 놀라운 것은 삼성 임원들은 회사 안팎에 적이 많지 않다는 것이다. 많은 사람이 그들은 갑의 위치에 있고, 직급이 상대적으로 높으니 직원이나 거래처 관계자의 경조사에 거의 신경을 쓰지 않을 것이라 생각한다. 하지만 실상은 전혀 다르다. 그들은 자신과 관련된 사람들의 일이라면 그 누구보다 앞장서서 챙긴다.

이처럼 그들은 아주 작은 것까지도 세심하게 잘 챙긴다. 이를 통해 많은 사람으로부터 신망을 이끌어 내고, 이는 자연스럽게 경영 실적에 반영된다. 잘 알고 있겠지만, 임원은 자신만 잘한다고 해서 될 수 있는 것이 아니다. 그 자리에 오르기까지는 많은 사람의 도움이 필요하다. 따라서 기본적으로 겸손해야 하고 타인을 먼저 생각하는 마음을 가져야 한다.

내가 아닌, 나라와 세계를 생각하라

지금은 한국이 반도체 시장을 선도하고 있지만 1989년 당시 반도체 분야는 일본 기업의 독무대였다. 반면 한국은 아무도 신경 쓰지 않는 반도체 분야의 후진국이었다. 하지만 1989년 4월, 한국의 반도체 역사를 이끌 사람이 귀국하면서 상황은 역전되었다. 4년 6개월에 걸친 스탠퍼드 연구원 생활을 접고 황창규 현 KT 회장 내정자(이하 황창규 박사)가 귀국한 것이다. 그 당시 삼성전자는 그에게 기사와 아파트 그리고 임원 자리를 제안했다.

하지만 그는 삼성전자의 제안을 단칼에 거절했다. 그는 왜 그런 결정을 내린 것일까? 제안 받은 것들이 성에 차지 않았기 때문일까? 그렇지 않다. 그는 임원의 자리에 바로 오르는 것이 좋지 않다고 생각했다. 그는 자리와 돈에 큰 관심이 없었다. 촉망받는 인재였던 그가 돈이나 지위를 탐

냈더라면 충분히 다국적 기업에서 엄청난 연봉과 지위를 보장받을 수 있었을 것이다. 하지만 그는 전혀 다른 생각을 갖고 있었다. 그의 가슴속에는 이런 강렬한 신념이 있었다.

'반도체 분야에서 일본을 꺾겠다.'

그래서 임원 자리를 거절하고, 부장과 이사 사이의 애매한 '담당'이라는 직급을 받았다. 모든 것이 순조로운 것 같았다. 하지만 암초는 다른 곳에서 발견되었다. 오랜 해외 생활로 인해 명령과 복종 방식으로 점철된 한국의 직장 생활이 쉽지 않았던 것이다. 시간이 지날수록 힘들었지만, 그는 그 시간을 견뎌 냈고, 1994년 8월, 마침내 세계 최초로 256메가 D램을 만드는 데 성공했다.

처음만 어려웠지 그 뒤로 엄청난 성과가 나타났다. 세계가 그를, 한국을 주목했다. 덕분에 삼성전자도 초일류 기업으로 성장하게 되었다. 주변에서는 그에게 "이만하면 조금 적당히 일해도 되지 않겠어? 지금까지 이룬 성과도 정말 대단하잖아." 하고 말했지만, 그는 멈추지 않고 연구에 몰입하며 이렇게 말했다.

"일본 반도체 업계의 추격이 만만치 않다. 언제나 지금이 시작이다."

그는 결국 1994년에 상무, 1998년에 전무, 1999년에 부사장을 거쳐 2000년에 대표이사를 겸한 메모리 사업부장이 되었고, 2004년 1월에 반도체 총괄사장으로 올라섰다.

그는 어떻게 세계가 깜짝 놀랄 새로운 반도체를 이렇게 빠르게 만들어 낼 수 있었을까? 그에게는 특별한 멘토가 있었다. 놀랍게도 그는 평생 세종대왕을 벤치마킹했다. 그렇다면 대체 반도체를 계발하는 일과 세종대왕이 무슨 상관이 있단 말인가. 그가 세종대왕에게 배운 세 가지는 바로 다음과 같다.

1. 일하는 시간

세종대왕은 재임 26년 동안 하루에 15시간 일했다. 황창규 박사 역시 자고 먹는 시간을 뺀 모든 시간을 일에 몰입했다. 그는 세종대왕에게 하루 15시간 업무의 법칙을 배웠고, 무언가를 창조하려면 그 정도는 해야 한다고 생각하며 평생 그렇게 일했다.

2. 특별한 독서법

세종대왕은 백독백습(百讀百習), 즉 백 번 읽고, 백 번 쓰는 것을 중요시했다. 읽은 책을 한 번 더 읽는 것도 쉬운 일이 아닌데, 백 번 읽고 백 번 쓰는 것은 상상할 수 없을 만큼 대단한 일이다. 황창규 박사는 미술, 음악, 철학, 인문학 등 모든 분야에서 5시간 이상 대화가 가능할 정도로 지식이 엄청나다. 상상할 수도 없는 지독한 읽기와 쓰기가 그의 지식을 만들었다.

3. 애민정신

그는 세종대왕에게 효를 배웠다. 그와 더불어 자연스럽게 세종대왕이 가지고 있던 국민을 사랑하는 애민정신과 애국심도 갖게 되었다.

여기에서 가장 중요한 것은 '애민정신'이다. 이 마음가짐이 아니라면 황창규 박사도, 세종대왕도 '하루 15시간 업무 법칙'과 '백독백습'을 실천할 수 없었을 것이다. 그렇게 지독하게 연구하고 책을 읽는 이유는 모두 내가 아닌 나라와 국민을 위한 마음에서 비롯한 것이다. 그 절실한 마음이 세계에서 가장 과학적인 언어인 한글과 혁신적인 반도체를 만들어 낸 것이다.

세종대왕은 조선시대의 왕 가운데 가장 많은 업적을 남겼다. 그러나 세종대왕이 성군일 수 있었던 것은 이러한 능력 때문만이 아니다. 세종대왕은 백성을 사랑한 어진 왕이었다. 7일에 불과하던 관비의 출산휴가를 100일로 늘렸고, 남편에게도 휴가를 주었으며 출산 1개월 전에도 쉴 수 있도록 배려했다. 수백 년이 지난 지금도 회사에서 잘 시행되지 않는 정책을 놀랍게도 조선시대에 실천한 것이다. 한글을 창제한 것, 해가 없는 날이나 밤에도 시간을 알 수 있도록 물시계를 만든 것, 인쇄술을 발전시키고 화포의 주조기술, 화약제조 기술을 발전시킨 것도 그의 애민정신에서 비롯한 것이다.

황창규 박사가 한국에서의 힘든 직장 생활을 견뎌 내고, 세계 최초로 256메가 D램을 만들어 내고, 그 뒤로도 엄청난 성과를 이룬 결정적인 이유가 무엇이라고 생각하는가? 열정? 도전정신? 창의력? 나는 그건 일부일 뿐, 본질은 아니라고 생각한다. 그는 삼성전자에 입사하고 한국 반도체 산업에 투신할 때부터 당시 반도체 분야에서 세계를 호령했던 일본을 이기겠다는 충만한 애국심을 가지고 있었다. 모든 창조의 시작은 애국심이었다. 나를 위한 게 아닌 나라를 위한 마음이 그의 열정과 창의력을 깨운 것이다.

삼성의 창업자인 고 이병철 회장은 이런 말을 남겼다.

"나는 인간 사회에 있어서 최고의 미덕은 봉사라고 생각한다. 인간이 경영하는 기업의 사명도 의심할 여지없이 국가, 민족 그리고 인류에 대하여 봉사하는 것이어야 한다."

이병철 회장은 기업인이기 이전에 사람이 가져야 할 태도의 본질을 본 것이다. 오로지 나만을 위해 사는 것은 매우 시시한 일이다. 시시한 태도로는 시시한 것만 만들어 낼 수 있다. 나라를 사랑하는 마음, 국민을 사랑하는 마음이 있어야 한다. 그래야 엄청난 것을 만들어 낼 수 있다.

돈이나 명예를 위해서가 아니라 국민과 나라를 위해 일하는 사람들이 바로 삼성의 임원들이다. 따라서 삼성의 임원들을 지켜보면 그들은 마치 연애하는 사람들처럼 즐겁게 일한다. 물론 그들은 엄청난 돈을 벌고 있지만, 그렇게 일하는 것이 단지 돈을 벌기 위함이었다면 그 자리에 오르지 못했을 것이다. 황창규 박사가 그랬듯이 국민과 나라를 사랑하는 마음이 없다면 불가능하다.

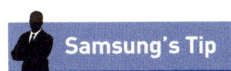

반응의 플러스 존에 접속하라

삼성 임원들은 수많은 업무로 인해 하루에 수십 통씩 전화를 한다. 그런데 가끔 업무에 집중하다가 전화를 받지 못하는 경우도 있다. 이때 삼성의 임원들은 상대방이 남긴 문자 메시지를 통해 그 사람의 성장 가능성을 판단한다.

사실 전화는 사회생활의 기초이다. 제대로 반응하지 못하면, 업무 능력과 별도로 좋지 않은 인식을 심어 줄 수 있다. 삼성의 한 임원은 전화를 받지 못할 경우, 상대방이 보통 2가지 유형으로 자신에게 문자메시지를 보낸다고 말하며 '반응의 플러스 존'에 대한 이야기를 들려주었다.

"한 부류는 '전화 연결이 안 되네요, 가능하신 시간에 연락 주시기 바랍니다'라고 문자 메시지를 남기고, 또 한 부류는 '전화를 안 받으시네요. 전화 좀 주세요'라고 문자 메시지를 남기죠. 전자는 '바쁜 일이 있어서 전화를 받지 못하는 상황이시군요'라는 뜻을 함축하고 있는, 사회적인 지능을 최대한 발휘한 문장이죠. 하지만 후자는 '네가 뭐가 잘났다고 전화를 안 받아! 임원이면 다야?'라는 뜻을 함축하고 있는, 자신의 분노를 그대로 표현한 문장입니다. 전혀 환경과 상황을 고려하지 않고, 그냥 나오는 대로 반응한 것이죠. 성장한 사람들의 공통점은 모든 반응이 플러스 존에 접촉한다는 것입니다. 그들은 인간관계를 할 때 '감정 조절'과 '절제'를 생활화하죠."

반응의 플러스 존에 접근하기 위해서는 섬세하게 감정을 조절하고 절제해야 한다. 하지만 우리는 누군가와의 대화를 마친 후에 이렇게 후회한다.

"내가 왜 그때 그런 말을 했지?"

"그 말을 하기 전으로 다시 돌아갈 수만 있다면……."

자신의 감정을 절제하지 못하고 반응하면, 상대방을 배려하지 않는 말을 내뱉을 가능성이 크다. 결국 승자는 모든 분노를 제어한 사람이다. 끝까지 인내심을 잃지 않아야 반응의 플러스 존에 접근할 수 있다.

PART 2
평생 사색하며 성장하는 독종이 되어라

인생이라는 책을 들춰 보면
대부분의 페이지는 텅 비어 있다.
당신의 사색으로 그 공간을 채워 가야 한다.

_라빈드라나트 타고르

CHAPTER 1

언제나 자신의 에너지를
최고치로 끌어올려라

CHAPTER 1

우리는 왜 어렵게 벌고, 어렵게 살아가는가

지난 주말, 동네의 작은 초밥집이 문을 닫았다. 사실 요즘처럼 살기 어려운 환경에서 문을 닫은 가게를 보는 것은 그리 놀라운 일이 아니다. 하지만 내가 유독 이 가게에 관심이 간 것은 진심으로 이 가게가 잘되기를 바랐기 때문이다. 초밥을 광적으로 좋아하는 나는 이 가게에 자주 방문했다. 사실 맛이 그리 뛰어난 것은 아니었다. 차라리 대형 마트의 공장 초밥이 더 맛있게 느껴질 정도였다. 그럼에도 내가 이 가게에 자주 방문한 이유는 그들 가족의 사연 때문이었다.

부부 내외가 함께 장사를 했는데, 그들에겐 초등학교 야구부에서 꿈을 키우고 있는 외아들이 있었다. 어느 날, 가게에서 부모가 아들에게 하는 말을 듣게 되었다.

"아들아, 비록 작지만 이제 우리 가게가 생겼으니 앞으로는 아무 걱정하지 말고 야구에만 신경 쓰렴."

한 가족의 생계와 아들의 장래까지 걸려 있는 가게이니, 더욱더 가게가 번창하기를 바랄 수밖에 없었다. 하지만 내 바람과 달리 점점 손님이 줄

어들더니, 결국 가게는 1년이 채 되지 않아 문을 닫고 말았다. 그렇다면 아들의 꿈은 어떻게 되었을까? 가게에 모든 것을 건 부부는 지금 어디에서 무엇을 하고 있을까? 아들을 바라보는 부부의 마음은 얼마나 고통스러울까?

많은 사람이 부자를 보면 비아냥거리는 말투로 이렇게 말한다.

"돈을 저렇게 쉽게 벌다니, 뭔가 꼼수가 있을 거야. 죽어라 일해도 한 달에 200만 원도 못 받는 사람이 수두룩한데, 저 사람들은 대체 어떻게 돈을 버는 거야!"

나는 그들에게 묻고 싶다.

"힘들게 번 돈은 정직한 것이고, 쉽게 번 돈은 부당한 것인가? 그렇다면 돈은 어렵게 벌어야 하는 것인가? 한 달에 200만 원을 벌기 위해 반드시 하루에 15시간 이상 일해야 하는가? 그래야 정직한 돈이고, 정직한 사람이고, 존경받을 수 있는 것인가?"

1인분에 몇십만 원 하는 초밥이 있다. 그런 초밥을 볼 때면 이런 생각이 든다.

'1인분에 만 원짜리 초밥을 파는 사람은 죽을 때까지 만 원짜리 초밥만 팔아야 하는 것일까? 십만 원짜리 초밥을 만드는 기술을 익혀서 조금 더 쉽게 더 많은 돈을 벌면 안 되는 것일까?'

문득 발레리나 강수진의 발이 생각난다. 그녀는 인터넷에 떠도는 발 사진의 90%는 자신의 것이 아닌, 이름 모를 발레리나의 것이라 말했다. 사람들이 더욱더 자극적인 사진을 발견해서 그 발이 강수진의 발이라 여기저기에 퍼트린 것이다. 나는 여기에서 궁금증이 생겼다. 사실 강수진의 발은 인터넷을 통해 우리가 접한 발처럼 심한 정도가 아니라고 한다. 그녀 역시 발레를 전문적으로 한 것에 비하면 자신의 발은 평범한 수준이라고 말했다.

그런데 왜 그녀보다 더 심하게 뭉그러진 발을 가진 이름 모를 발레리나들은 강수진처럼 되지 못한 것일까? 만 원짜리 초밥을 만들어 열심히 파는 사람들은 왜 십만 원짜리 초밥을 만드는 요리사가 되지 못하는 것일까? 왜 더 많은 노력을 하고도 그들처럼 되지 못하는 것일까?

아인슈타인은 이렇게 말했다.

"어제와 똑같은 삶을 살면서 다른 삶을 기대하는 것은 정신병 초기 증상이다."

어제 그리고 오늘과 다른 내일을 만들고 싶다면, 지금 당장 일하는 방식을 바꿔야 한다.

사막에서도 살아남을 수 있는 사람으로 거듭나라

수명은 계속해서 늘어나고 있는데, 일을 할 수 있는 기간은 점점 짧아지고 있다. 이제 오래 사는 것은 행복이 아니라 고통이다. 정년까지 일을 하리란 보장도 없다. 중간에 해고를 당하거나 기타 이유로 사회생활이 불가능해지면 삶이 얼마나 비루해지겠는가. 누구도 젊을 때는 자신이 노년에 먹고사는 문제로 걱정할 것이라고 생각하지 않는다. 하지만 이는 분명한 현실이 되었다. 더욱 심각한 것은 시간이 지날수록 이 문제는 점점 더 커져 우리를 고통스럽게 할 수도 있다는 것이다.

우리의 아이들은 우리가 살아온 것보다 더 무서운 세상에서 살아남아야 한다. 사막보다 더 황량한 이 세상에서 죽을 때까지 '잘' 살아남아야만 한다. 하지만 너무 어렵게만 생각하지 말라. 문제를 해결하고자 하는 노력을 시작한다면, '모두가 어렵게 사는 것은 아니다'라는 대전제에서 답을 찾을 수 있다.

누군가는 사막에서 당장 마실 물이 없어 구걸하는 안쓰러운 인생을 살고 있지만, 누군가는 이런 척박한 환경에서도 발전을 거듭하며 매일매일 더 나아지는 인생을 살아가고 있다. 그것이 현실이다. 혹시 오늘 상사와 이런 대화를 나누지 않았는가?

"김 대리, 이것 좀 해 주면 좋겠어. 김 대리라면 할 수 있을 거야."

"부장님, 그건 좀 곤란합니다. 아니, 불가능합니다."

"그래도 시간을 내서 한 번 해 보는 게 어떤가?"

"안 됩니다. 절대 못합니다!"

직장에서 많은 사람이 불가능하다는 말을 자주 내뱉는다. 충고하건데 '안 된다', '불가능하다'라는 말을 하려거든 차라리 가만히 있는 것이 좋다. 당신이 멘토로 삼고 있는 상사도 현재의 상황에서는 절대 불가능할 것 같은 일을 해 내기 위해 노력하고 있다. 처음부터 완벽한 업무는 없다. 바로 당신이, 당신의 동료가 해내야 하는 것이다. 그것에 대한 대가로 회사가 당신에게 월급을 주는 것이 아닌가.

삼성의 임원들은 일단 어떤 임무를 부여받으면 '안 된다'는 말부터 내뱉는 사람을 싫어한다. 그런 대답을 한 직원에게는 중요한 일을 맡기지 않는다. 일에 관련해서 혹은 삶에 관련해서 다시는 그와 얽히지 않으려

의도적으로 노력한다. 그런 말을 내뱉는 그들의 삶은 안정적이기는 할지 모르나 발전은 없기 때문이다. 하지만 그 '안정'이라는 것이 이제는 무의미해졌다. 기업들은 이제 30대 초반의 나이부터 퇴직 신청을 받고 있다. 무한경쟁이라는 단어는 이미 오래전부터 써 왔지만, 이젠 정말 몸으로 느낄 수 있는 시대가 온 것이다. 이런 시대에 '불가능'을 '가능'으로 만들 수 없는 사람은 생존하기 힘들다. 오늘 잠자리에 들며 내일을 걱정하고, 내일 눈을 떠서 그날 하루를 걱정하는 하루살이 인생을 살고 싶은가?

강연, 개인 코칭 등으로 많은 사람을 만나면서 깨닫게 된 것이 하나 있다. 이것은 매우 중요한 문제인데, '반응을 통해 상대방에 대해 어느 정도 예측이 가능하다'는 것이다. 그래서 나는 알게 된 지 얼마 안 된 사람과 중요한 거래를 해야 할 때 계속해서 질문을 던지며 상대방의 반응을 살핀다. 반응을 통해 상대방의 지적인 능력이나 인격을 가늠할 수 있기 때문이다. 긴 시간도 필요하지 않다. 1분만 대화를 나누어 봐도 충분히 알 수 있다. 단 1초라도 상대방이 보인 반응이 바로 그 사람에 대해 알려 주는 이력서와 같기 때문이다.

1990년, 삼성전자는 새로운 성장엔진으로 컴퓨터 사업을 키우기 위해 모든 힘을 집중하고 있었다. 독일 프랑크푸르트 사업장을 방문한 이건희 회장은 당시 유럽 총괄법인 설립을 맡고 있던 임원에게 이렇게 질문했다.

"무슨 일을 하다가 여기 온 건가요?"

그는 이렇게 대답했다.

"저는 영국에서 가전제품 영업을 했습니다."

그러자 이건희 회장은 이해할 수 없다는 표정으로 관리자에게 이렇게 쏘아붙였다.

"가전 전문가를 왜 컴퓨터 사업 부문으로 데리고 온 것입니까?"

컴퓨터 사업을 새로운 성장엔진으로 키우겠다는 열망이 컸기 때문에 화가 난 것이다. 가전제품을 판매하는 방식과 컴퓨터를 판매하는 방식은 달라야 한다는 원칙을 세운 이건희 회장은 직전에 방문한 미주지역에서도 책임자가 컴퓨터 전문가가 아니라는 이유로 담당자를 바꿀 것을 지시한 상황이었다. 이곳도 예외는 아니었다. 이건희 회장은 이렇게 말했다.

"그를 원래 자리로 돌려보내고 외부에서 전문가를 채용하세요."

그런데 공교롭게도 그가 원래 있던 자리에는 이미 후임자가 와 있는 상태였다. 돌려보낼 수도, 남게 할 수도 없는 최악의 상황이었다. 하지만 그는 이 한마디로 이건희 회장의 마음을 기적처럼 돌려놓았다.

"회장님 말씀대로 이 세상에는 훌륭한 컴퓨터 전문가가 많이 있습니다. 삼성이 원한다면 얼마든지 그들을 영입할 수 있을 것입니다. 하지만 새로운 사람이 오면 삼성의 조직문화를 익히는 데 시간이 많이 걸리고, 기존에 있던 사람들과 일하는 데 문제가 발생할 수 있습니다. 그렇기 때문에 제가 차선으로 이 자리에 오게 된 것 같습니다. 이곳에서 6개월 정도 일하다 보니, 제가 이전에 하던 가전제품 영업이 건어물 장사라면 새로 시작한 컴퓨터 영업은 생선 장사쯤 된다는 감을 익혔습니다. 제게 기회를 주신다면 생선 장사를 제대로 해 보고 싶습니다."

소비자들은 더욱 빠르고 작은 컴퓨터를 원하고 있고, 결국 이 시장에서 살아남기 위해서는 제품의 신선도가 중요하다는 메시지를 건어물 장사와 생선 장사에 비유하여 전달한 것이다. 회장의 위치에 있으면 자신이 한 말을 바로 번복하기 힘들다. 하지만 그의 멋진 반응에 이건희 회장은 외부에서 전문가를 채용하라고 내린 지시를 거두었다. 그리고 그를 총애하기 시작했다. 이것이 바로 제대로 된 반응의 강력한 힘이다.

　삼성의 임원들은 불가능한 것을 가능하게 만든 사람들이다. 나는 척박한 환경에서도 승리를 이끌어 내는 사람들의 최고 무기는 반응 능력이라고 생각한다.

　주위를 둘러보면 혼자 하는 일은 잘하는데, 협조가 필요한 일에서는 전혀 능력을 발휘하지 못하는 사람이 있다. 이런 사람은 삼성에서 임원으로 성장하기 힘들다. 삼성은 함께 일을 잘할 수 있는 사람을 원하기 때문이다. 협조가 필요한 일에 전혀 능력을 발휘하지 못하는 사람들의 공통점은 다른 사람의 말을 잘 듣지 않거나 다른 사람을 자신이 의도한 대로 끌고 오지 못한다는 것이다.

　반면 이런 말을 자주 듣는 사람이 있다.

　"저 사람은 어디에 내다 놓아도 어떻게든 잘 살 거야."

　사회지능이 높다는 말이다. 지금 당신이 서 있는 곳이 사막인데, 그곳에 굉장히 많은 사람이 있다고 상상해 보라. 서로 물을 마시겠다고 아우성칠 것이다. 웃돈을 주면서 더 빨리, 더 많은 물을 마시려고 노력하는 사람도 있을 것이다. 그런데 사막 같은 곳에서 돈이 무슨 필요가 있겠는가. 척박한 곳일수록 돈은 의미가 없다. 이때 필요한 것은 상대방을 내 의도대로 이끌 수 있는 최고의 사회지능인 반응 능력이다. 그것이 사막에서도 살아남을 수 있게 만드는 강력한 힘이다.

사막에서도 낙타와 거래를 할 수 있을 정도로 짧은 시간에 상황을 분석하고, 상대방을 내 의도대로 움직이게 만들어 내는 능력을 가지고 있는 사람만이 성공에 조금 더 바짝 다가갈 수 있다. 이제는 어떤 상황도 자신에게 유리하게 만들 수 있는 사람만이 살아남는 시대이다.

끊임없이 자신을 변화시켜라

삼성의 임원들처럼 세상에 반응하고 싶다면 끊임없이 자신을 변화시켜야 한다. 자신의 기준으로 세상의 정보를 받아들이고, 새로운 것에 흥미를 느껴야 한다.

PB(Private Banking)센터에서는 보통 10억 원 이상의 자산을 투자하는 사람을 거액 자산가(VIP)로, 30억 원 이상의 자산을 투자하는 사람을 초고액 자산가(VVIP)로 분류한다. 그들은 보통 사람은 상상도 할 수 없을 만큼 엄청난 돈을 가졌지만, 그들이 돈을 모은 과정과 기술은 모두 다르다. 하지만 딱 한 가지 일치하는 것이 있다. 그것은 바로 성공 이후의 자세이다.

보통 사람들은 10억 원만 있으면, 은행이나 증권회사에 돈을 넣어 두고 편안하게 살면서 이자나 받으며 살고 싶다고 생각한다. 그것이 사람들의 일반적인 심리이다. 하지만 거액 자산가나 초고액 자산가들의 마음가짐은 전혀 다르다. 얼마를 모았든지, 얼마를 더 모을 전략을 세웠든지 절대 현실에 안주하지 않는다. 3대가 아무것도 하지 않아도 먹고살 자산이 있지만 그들은 아무것도 가진 게 없는 사람처럼 목표를 세우고, 치열하게 성취하고, 다시 목표를 세우기를 반복한다.

직장인 역시 그런 마음가짐으로 살아야 한다. 만약 삼성의 임원들이 '은행이나 증권회사에 돈을 넣어 두고 이자를 받으며 편안하게 생활하고 싶다.'라는 마음가짐으로 일했다면 어땠을까? 절대 지금의 자리에 오르지 못했을 것이다. 그들은 자산가들이 치열하게 몰입해 목표를 세우듯이 직장에서 지속적으로 자신을 몰아세워 그 자리에 오른 것이다. 만약 그들이 목표를 계속 세팅하지 않고 정체되어 있었다면, 지금 그들은 그저 평범한 직장인으로 살며 내일을 걱정하는 처지가 되었을 것이다. 인플레이션을 생각하면 자산 가치는 계속해서 떨어질 수밖에 없듯, 사람이 가진 능력 역시 마찬가지이다.

삼성에서 임원으로 일하다가 중견 기업의 임원으로 자리를 옮긴 H는 최근 동료 임원들에게 이런 이야기를 들었다.

"당신은 우리 3명이 달려들어야 겨우 끝마칠 수 있는 일을 혼자 다 해치우는군요."

삼성의 임원들은 무엇이든 철저하고 완벽하게 마무리하는 것이 자신의 의무라고 생각한다. 만약 그들이 시장에서 물건을 파는 장사꾼이었다 할지라도 한국 최고의 상인이 되기 전에는 만족하지 않았을 것이다. 그들이 혼자서 여러 사람의 몫을 할 수 있는 이유는 스스로 자신의 삶에서 조금 더 완벽해지기 위해 꾸준히 변화를 추구했기 때문이다.

한 임원은 굉장히 일을 잘하는데, 한 가지 단점을 가지고 있었다. 아침

잠이 많아 지각하는 일이 잦았던 것이다. 삼성은 근태가 인사고과에 큰 영향을 준다. 그로 인해 그는 일과 상관없이 자꾸 움츠러들게 되었다. 이래서는 안 되겠다고 생각한 그는 아내에게 도움을 청했다. 하지만 아내가 막상 깨우면 몸이 아프다고 하거나 성가시게 하지 말라며 오히려 화를 내기 일쑤였다. 그러던 어느 날 아침, 아내는 강력한 방법을 사용해야겠다고 마음먹고 대야에 차가운 물을 받아와 잠에서 깨어나지 못하는 남편에게 부어 버렸다. 이 방법은 효과가 있었다. 결국 그는 늦잠 자는 습관을 완전히 고칠 수 있었다.

그는 차장 시절에도 누구보다 열심히 일했다. 중요한 것은 일에 가장 전념했던 그 시기에도 하루 중 2시간은 독서에 투자했다는 사실이다. 일만 열심히 잘하는 사람은 당장은 반짝일 수 있다. 하지만 인풋(input)이 없으면 그 반짝임은 오래가지 않는다. 자신을 소모하며 살아가다가 결국 별똥별처럼 세상 어딘가로 사라질 것이다.

일을 잘해 회사의 기대를 한 몸에 받았던 직원이 몇 년 뒤에 한직으로 물러나 있거나 퇴사하는 경우가 있다. 자신이 과거에 했던 노력만 믿고 현재에 충실하지 않았던 잘못이 그런 현실을 만든 것이다. 그들을 살펴보며 나는 하나의 진리를 발견할 수 있었다.

'삼성의 임원은 대부분 그들 자신의 무지와 맞닥뜨리면서 괴로워했고, 괴로움에서 탈출하기 위해 치열하게 자기계발을 했다.'

자신의 무지를 인정한다는 것은 굉장히 어려운 일이다. 우리는 가끔 모르는 문제나 생소한 지식을 접했을 때 이렇게 말하곤 한다.

"그런 건 몰라도 괜찮아. 사는 데 아무 지장 없어!"

"그건 내 전문 분야가 아니야!"

하지만 이것만은 알아야 한다. 우리가 쉽게 내뱉은 이 한마디로 그 분야에 대해 알 수 있는 최고의 기회를 놓치게 된 것이다. 같은 상황에서 삼성의 임원들은 이렇게 반응한다.

"어? 이런 게 있었어? 꽤 흥미로운데?"

"내 분야에 대한 것은 아니지만, 알고 싶어지는데?"

삼성의 한 여성 임원은 이렇게 말했다.

"나는 내가 알고 있는 게 별로 없는 사람이라고 생각한다. 내 모든 능력은 내가 만난 사람들에게서 배운 것이다. 나는 스스로 부족하기 때문에 사람을 만나는 것을 즐긴다. 독서와 자기계발, 물론 중요하다. 하지만 나는 조금 다르게 생각한다. 사람은 누구나 비슷한 생각을 한다. 내가 지금 생각한 것을 조금 전에 혹은 몇 년 전에 생각한 사람들이 있다. 흥미로운 분야가 생기면 나는 나보다 앞서 고민한 사람들을 만나 그 무엇도 주지 못하는 본질적인 가르침을 얻는다. 이를 테면 내가 알고 싶은 일의 대가를 찾아가는 것이다. 여러분도 그렇게 자신을 발전시켜 보라. 그들은 수십 년 동안 한 우물을 팠다. 그들과 마주하며 대화를 하는 것만으로도 엄청난 지식이 쌓일 수밖에 없다. 그것은 정말 큰 힘이 된다."

그녀는 "끊임없이 자신을 변화시키고, 업그레이드하기 위해서는 삶의 멘토를 많이 만들어라."라고 충고했다. 멘토는 절대 멀리 있지 않다. 주변을 둘러보라. 분명 멘토가 될 만한 사람이나 모임이 있을 것이다. 늘 적극적으로 모임에 참여하고 배워야 한다. 그 모든 게 자신을 성장시키는 데 큰 도움이 될 것이다.

당신은 독종인가

나는 직장인을 크게 '독종'과 '일벌레' 두 분류로 나눈다. '독종'은 성질이 매우 독한 사람을 말한다. 자신이 스스로 목표를 정하고, 반드시 목표 이상을 해내고야마는 사람들이 바로 독종에 속한다. 반대로 '일벌레'는 집을 짓고, 먹이를 채취하고 저장하는 일개미처럼 어제와 같은 오늘을, 오늘과 같은 내일을 보내는 사람을 말한다. 그들은 독종과 달리 늘 같은 삶을 반복하므로 자신의 미래도, 세상도 바꿀 수 없다. 물론 이렇게 반문할 수도 있다.

"제가 굳이 세상을 바꿔야 하나요?"

"어제와 다른 삶을 살면 뭐가 좋죠? 그냥 편안한 게 최고예요."

선택은 언제나 당신 몫이다. 당신이 선택할 수도, 하지 않을 수도 있다. 하지만 한 번뿐인 인생, 아무것도 바꾸지 못하고 어제와 같은 오늘을 또다시 반복하는 것은 무한한 가능성을 지닌 인간으로 태어난 당신의 삶에 대한 예의가 아니라고 생각하진 않는가? 그런 의미에서 나는 삼성의 임원들은 최고의 독종이라고 생각한다.

삼성의 임원들 중 독종의 표본이 될 수 있는 사람을 소개한다. 그를 통해 삼성의 임원들이 전체적으로 어떤 마음가짐으로 일하고 있는지 감을 잡을 수 있을 것이다.

1. 불변의 목표를 가지고 있다

그는 신입사원 시절, 근무 희망 계열사를 적는 곳에 1지망부터 3지망까지 삼성물산만 써 낼 정도로 고집이 있었다. 최근에는 삼성의 신형 스마트폰 갤럭시S3의 뒷 커버 디자인을 완벽하게 구현하기 위해 출시가 보름도 남지 않은 상황임에도 50만 개가 넘는 뒷 커버 생산 물량을 전량 폐기하라고 지시했다. 완벽하지 않은 제품은 초일류를 추구하는 삼성의 브랜드 이미지를 훼손시킬 수 있다는 불변의 목표를 가지고 있었기 때문이다.

2. 전방위적인 지식을 가지고 있다

삼성전자의 수장이지만, 사실 그는 문과 출신이다. 그도 자신의 한계를 잘 알고 있었다. 그래서 그는 삼성반도체 유럽법인장 시절 무려 1,000페이지가 넘는 반도체 기술 교재를 통째로 암기하며 스스로 자신의 한계를 넘어섰다. 그로 인해 웬만한 반도체 엔지니어를 능가하는 기술 지식을 가지게 되었고, 반도체에 대한 이해를 바탕으로 놀라운 실적을 올릴 수 있었다.

3. 시장의 니즈에 대한 안목이 탁월하다

언제나 후발주자는 앞뒤로 공격을 당하게 마련이다. 하지만 삼성전자는 후발주자였음에도 불구하고 TV와 휴대폰 사업에서 세계 1등을 차지했다. 그의 빠른 의사결정과 완벽한 공격적 경영이 바탕이 되어 경쟁사보다 빠르게 성장한 것이다.

4. 불가능한 것을 이루어 낸다

독일 프랑크푸르트의 1인 사무소장으로 발령받은 그는 반도체를 가득 실은 가방을 차에 싣고 유럽 곳곳을 돌아다니며 영업 전선에 뛰어들었다. 스위스로 가기 위해 알프스를 넘던 중에 차가 눈길에 미끄러져 생명이 위험했던 적도 두 차례나 있었지만 악착같이 노력하여 독일 부임 첫해인 1985년에 100만 달러, 1986년에 500만 달러, 1987년에 2,500만 달러, 1988년에 1억 2,500만 달러의 매출을 올리며 판매를 매년 500%씩 신장시켰다.

5. 자신의 하루를 완벽하게 제어한다

그는 해외출장을 나갈 때 동선을 치밀하게 관리한다. 중요한 미팅을 위해 유럽에 가게 되면 반드시 유럽 거점과 유통매장에 들러 영업 추이를 살폈다. 자기 관리 또한 철저했다. 건강 관리와 자기계발에 게으른 사람은 삼성의 임원이 될 자격이 없다고 생각해 매일 거르지 않고 운동과 자기계발에 전념하였다.

지금까지 소개한 '독종의 표본'은 바로 최지성 삼성전자 부회장이다. 대표적으로 그를 소개했지만, 사실 대부분의 삼성 임원이 그와 같이 생각하고 행동한다.

그렇다고 그들이 일상에서까지 치열하고 공격적으로 사는 것은 아니다. 그들은 일상에서는 무척 편안한 스타일이지만 일에 대해서는 공통적으로 과감하게 밀어붙이는 스타일이다. 그것은 그들이 다양한 분야에서 다양한 경험을 해 봤기 때문에 가능한 일이다.

부하 직원들은 바보가 아니다. 아무것도 모르면서 밀어붙이기만 하는 상사를 따르는 사람은 많지 않다. 하지만 그들은 사원 시절부터 개발, 제조, 구매, 마케팅까지 두루 경험했기 때문에 부하 직원들의 신뢰를 받는다. 임원은 그 신뢰를 통해 부하 직원들과 합심하여 불가능한 목표를 이루어 낸다. 그러다 보니 항상 조금 더 높은 목표에 도전할 수 있는 자신과 조직을 만들 수 있는 것이다. 이것이 바로 지금의 삼성을 만든 독종들의 힘이다.

시간을 정복하라

직무별로 근무 시간이 조금씩 다르겠지만, 한 조사에 따르면 보통 직장인의 하루 평균 근무 시간은 9시간 26분이다. 그렇다면 대기업 CEO는 얼마나 일을 할까? 15시간? 18시간? 놀랍게도 100대 기업 CEO들을 조사한 결과, CEO들의 하루 평균 근무 시간은 10시간 26분이었다. 대기업 CEO와 일반 직장인의 근무 시간이 겨우 1시간밖에 차이가 나지 않았다. 그렇다면 1시간 차이로 누구는 보통 직장인, 누구는 대기업 CEO가 되는 것일까?

나는 삼성에서 임원으로 퇴임하고 강연가와 저술가로 활발하게 활동했던 사람과 함께 2년 동안 일한 적이 있다. 그와 함께 일하며 한두 번 놀란 게 아니다. 그는 일주일에 몇 번씩 지방으로 강연을 다니면서도 일 년에 평균 5권 이상의 책을 집필했다. 강연만으로도 바쁜 그가 대체 어떤 방법으로 책을 집필할 수 있었을까?

나는 그를 '시간을 정복한 사람'이라고 부른다. 그는 퇴임을 한 후에도 삼성에서 일하던 시절처럼 매일 자신의 일과를 분 단위로 세분화하여 기록했다. 또한 목적지별로 버스나 지하철을 타고 이동하면 시간이 얼마나 걸리는지, 요일과 시간대별로 얼마나 차이가 나는지 완벽하게 기록했다.

덕분에 그는 10년 이상 수천 번의 강연을 하면서 단 한 번도 강연 시간에 늦은 적이 없다. 언제나 20분 전에 도착해서 교육생과 소통하며 최고의 강연을 펼쳤다.

그렇다면 집필은 어떻게 했을까? 그는 매일 새벽 5시에 사무실에 나와 일과를 시작하는 9시까지 4시간을 책을 집필하는 데 바쳤다. 주말 역시 마찬가지였다. 시간에 대한 그의 장악력이 어느 정도였는지 짐작이 될 것이다. 게다가 그는 자신이 전문적으로 다룬 분야가 아닌 다양한 분야의 책을 집필했다. 틈틈이 여러 분야에 대한 공부를 했기에 가능한 일이다.

몇 달 전, 삼성의 임직원들을 대상으로 강연을 시작하기 전에 교육 담당자가 내게 이런 말을 했다.

"죄송하지만 워낙 강연을 자주 듣는 분들이라 강연 도중에 지루함을 느끼거나 만족스럽지 않으면 노트북을 들여다볼 수도 있습니다."

대중 앞에서 이야기를 해 본 경험이 있는 사람은 듣는 사람이 딴 생각을 하고 있는지, 집중해서 자신의 말을 듣고 있는지 금세 알아차릴 수 있다. 나는 긴장한 채 강연을 진행했다. 30분 정도 흘렀을까? 몇몇 임원이 노트북을 꺼내더니 모니터에 집중하는 것이 아닌가.

'대체 뭘 저렇게 보고 있는 거지?'

슬쩍 그들에게 다가가 몰래 모니터를 바라보았다. 그들은 강의가 지루해 딴짓을 하고 있는 것이 아니라 내가 강연 중에 언급한 생소한 단어를 검색하고 있던 것이다. 그들이 노트북을 들여다본 이유는 강연을 좀 더 완벽하게 이해하기 위해서였다. 놀랍게도 당시 교육 중 가장 예리한 질문을 많이 한 임원도 바로 그들이었다.

업무 시간에 업무를 하는 것은 당연하다. 그러므로 나만의 경쟁력은 자기도 모르게 흘려보내기 쉬운 틈새 시간, 이동 시간에 달려 있다. 유능한 사람들은 그런 시간을 유용하게 이용한다. 그들은 한순간도 헛되이 하지 않는다. 강의를 듣다가도 그 강의가 자신에게 도움이 되지 않으면 재빨리 다른 일을 시작한다. 그것이 바로 삼성 임원들이 자투리 시간을 활용하는 법이다.

삼성에서 근무하는 한 여성 임원의 하루 일과이다.

05:00	기상
05:00~06:00	요가
06:00~07:00	명상 및 식사
07:00~07:30	출근/ 출근길에 메일 확인
07:30~08:00	사내 방송 시청
08:00~08:30	본부장 회의
08:30~12:00	결제 및 상품 서비스 업무 기획
12:00~14:00	고객 및 비즈니스 관계자와 점심 식사
14:00~16:00	팀장 회의 참석, 마케팅 기획
16:00~18:00	지점 방문 등 직원 미팅, 본부 일과 확인
18:00~20:00	부서 업무 협의 및 미팅, 식사
20:00~	개인 업무

한눈에 봐도 빡빡한 일과이다. 이런 날이 거의 매일 반복이라 그녀는 밤 12시가 넘어서 퇴근하는 날이 많다. 하지만 여기서 중요한 것은 따로 있다. 바로 20시이다. 그녀는 20시가 넘어야 비로소 개인 업무를 한다.

임원들은 보통 직원들보다 개인 업무가 더 많다. 그런데 일반 직원들보다 개인 업무를 할 시간이 적다. 일반 직원들이 주어진 시간 동안 개인 업무를 할 때, 임원들은 야근을 통해 밤 8시 이후부터 자신의 일을 한다. 아마 보통 직원들 같으면 야근을 시킨다고 투덜대며 제대로 집중하여 일을 처리하지 못할 것이다.

여기에서 마인드의 차이가 난다. 지금의 임원도 신입사원일 때가 있었다. 그때 그들은 투덜대지 않고 집중해서 자신의 일을 했다. 어쩔 수 없이 앉아 있어야 하는 야근이라 해도 그 시간을 매우 귀중하게 생각했다. 그 시간 동안 불평불만을 쏟아 내는 것보다 자신의 삶에 도움이 될 수 있도록 업무를 하는 것이 이익 아니겠는가. 그 시간에 기획서를 한 장이라도 더 쓰는 것이 바람직하다.

삼성의 한 임원은 어쩔 수 없이 야근을 할 때마다 기획안을 하나씩 작성했다고 한다. 그 기획안은 그의 직장 생활에 큰 역할을 했다. 상사가 빨리 보고할 기획안이 필요해서 "한 시간 안에 기획안을 만들어 와!"라고 지시하면 미리 만들어 두었던 기획안 중에서 상황에 맞는 것을 골라 약간 수정하여 제출했다. 당연히 그는 회사에서 기획안을 1시간 안에 완벽하게 만들 줄 아는 능력을 가진 직원이라 평가받게 되었다. 사실은 모든 것이 준비된 상황이었는데도 말이다.

이처럼 삼성 임원들의 또 하나의 강점은 시간 관리 능력이다. 그들은 보통 사람들은 하루 만에 할 수 없는 일을 몇 시간 만에 해낸다. 짧은 시간 안에 주어진 일을 완벽하게 처리하는 그들의 모습을 보고 놀란 게 한두 번이 아니다.

누군가 내게 하루 만에 할 수 없는 일을 할 수 있는 사람을 소개해 달라고 하면 주저하지 않고 이렇게 말할 것이다.

"삼성 임원 출신을 찾아서 부탁해 보세요. 그들은 무엇이든 하고도 시간이 남는 사람들입니다."

삼성의 임원들은 자신이 맡은 일부터 검토하지 않는다. 그들은 신입사원 때부터 일이 아니라 시간부터 고려했다. 계획을 먼저 세우는 것보다 자신이 활용할 수 있는 시간이 실제로 어느 정도인지 정확하게 파악한 것이다. 그러고 나서 자신의 시간을 철저하게 관리했다. 얼마나 많은 시간을 확보하고, 그 시간을 얼마나 몰입해서 사용하느냐의 차이가 보통 직원과 임원을 나누는 분기점이라 할 수 있다.

많은 사람이 늘 이 말을 입에 달고 산다.

"아, 바쁘다 바빠!"

하지만 삼성의 임원들은 절대 바쁘다고 말하지 않는다. 처음부터 자신이 낼 수 있는 시간을 정확하게 측정했고, 극도의 몰입을 통해 시간에 구애받지 않고 맡은 일을 제시간에 처리하기 때문이다. 항상 바쁘다고 말하는 사람은 '나는 내 시간을 잘 활용하지 못해요!'라고 자신의 무능력함을 고백하는 것과 같다.

시간 관리에 대한 삼성 임원들의 특징은 세 가지로 정리할 수 있다.

1. 뛰어난 집중력을 발휘한다

집중은 시간의 밀도를 의미한다. 목표 달성을 위한 비결 중 하나가 바로 '집중'이다. 그들은 자신이 무엇을 가장 먼저 해야 하는지 잘 알고 있다. 그들은 가장 중요한 일을 우선순위에 두고, 한 번에 한 가지 일에만 몰두한다. 따라서 쓸데없는 일에 시간을 소비하는 어리석은 행동을 하지 않는다.

2. 자투리 시간까지 통제한다

자투리 시간도 생산적으로 활용한다. 자투리 시간을 이용하여 1년에 책 한 권을 쓴 사람도 있고, 2년 만에 외국어를 익힌 사람도 있다. 심지어는 세미나에 참석하기 위한 비행기 대기 시간을 업무를 보는 시간으로 활용한 임원도 있었다. 자투리 시간은 그냥 짧은 시간이 아니다. 10분 정도 시간이 나면 10분 동안 할 수 있는 일을 하면 된다. 여유는 자투리 시간을 잘 활용하는 사람에게만 주어진다. "바쁘다."라를 말을 입에 달고 산다면 당신은 자투리 시간을 우습게 여기고 있을 가능성이 높다.

3. 최상의 시간에 최선의 일을 한다

최상의 시간은 최고의 능률을 올릴 수 있는 시간을 말한다. 사람마다 집중을 잘할 수 있는 시간대가 다르다. 일이 가장 잘되는 시간을 파악하고, 이를 최대한 잘 활용해야 한다. 이때 두세 배의 능률을 올릴 수 있다.

삼성의 임원들은 마감 시간을 정해 두지 않고 일해야 한다고 말한다. 대부분의 사람이 마감 시간을 정해 두고 일을 해야 제대로 시간 관리를 할 수 있다고 강조하지만 그들은 다르게 생각한다. 한 임원은 그 이유를 이렇게 설명했다.

"사람들은 마감 시간을 정해 두면 그 시간 안에서 또다시 일할 시간과 화장실에 갈 시간, 식사할 시간을 분배한다. 야근이 정해지면 오전에는 딴짓을 하다가 오후에 일을 집중적으로 하는 것처럼 말이다. 결국 일하는 절대적인 시간을 생각만큼 많이 확보하지 못하게 된다. 본질에 집중해야 한다. 마감이 중요한 게 아니라, 최고의 결과를 만들어 내는 것이 중요하다. 최고의 상품을 만들고 최고의 기획안을 작성하는 것이 결국 최고의 시간 관리법이다."

시간 관리에 대한 본질이 담겨 있는 말이다. 결국 우리가 시간을 관리하며 일을 하는 이유는 일을 더 완벽하고 더 빠르게 하기 위함이다. 이러한 본질을 잊지 않고 최고의 결과를 만들어 내야겠다는 마음가짐으로 업무에 임하면 업무 몰입도가 높아지고, 완벽한 시간 관리를 할 수 있게 될 것이다.

15시간 몰입의 법칙

어느 기업, 특히나 최고의 기업인 삼성에서 누군가가 빠르게 승진하면 화제가 된다. 그들의 삶을 들여다보면, 다음과 같이 네 가지 성공 법칙을 알 수 있다.

1. 결과보다 과정에 집중하라. 결과가 아닌 과정 하나하나의 완성도를 완벽하게 만들기 위한 기본기 공부에 전념하라.
2. 무슨 일을 하든 체력은 기본이다. 몰입하여 일을 하기 위해서는 강한 체력이 필요하다.

3. 매일 달성 불가능한 목표를 세우고, 자신이 설정한 목표를 달성하도록 노력하라.
4. 매일 아침 컴퓨터를 켜기 전에 오늘 하루 동안 해야 할 일을 정리하면서 '내가 왜 이 일을 해야 하는지'를 끊임없이 생각하라. 일을 대하는 태도가 달라지는 것을 느낄 수 있을 것이다.

삼성 임원들은 신입사원 시절부터 위 사항을 중요시했다. 또한 공통적으로 하루 15시간을 몰입하며 업무를 처리했다. 15시간 동안 집중해서 지속적으로 일하면 엄청난 성과를 만들어 낼 수밖에 없다. 당신의 하루는 어떤가? 출근하여 동료들과 커피 한잔하며 잡담을 나누다 보면 오전 10시 정도가 된다. 그리고 11시 정도가 되면 점심 시간에 무엇을 먹을지 대화를 나누며 고민한다. 그렇게 오전 시간이 사라져 버리는 것이다. 하지만 삼성의 임원들은 다른 사람보다 2시간씩 일찍 출근해서 밤 9시까지 일한다. 그렇게 매일 15시간을 일에 몰입하는 것이다.

시키는 일만 하는 사람은 절대 임원으로 성장할 수 없다. 대부분의 직원이 시키는 일만 하는 이유는 머리나 가슴으로 이해할 수 있는 일만 하고 싶다는 마음이 강하기 때문이다. 일에 몰입하고 싶다면 언제나 업무를 시작하기 전에 '내가 왜 일을 해야 하는가?'에 대해 고민해야 한다. 그리고 그 고민을 바탕으로 일을 대하는 최고의 태도를 가질 수 있도록 노력해야만, 비로소 일에 몰입할 수 있다.

영국의 수학자였던 뉴턴(Isaac Newton)은 건강이 좋지 않아 요양을 하며 휴식을 하던 시기에 떨어지는 사과를 보며 만유인력의 법칙을 발견했다. 철학자이자 수학자였던 데카르트(Descartes)는 건강이 좋지 않아 침대 생활을 할 때, 침대에 누워 천장을 바라보며 X-Y직교좌표계를 고안했다. 이런 이야기를 들려주면 대부분의 사람은 이렇게 생각한다.

'역시 사람은 적당히 쉬어 줄 필요가 있어. 그래야 창의적인 생각을 할 수 있는 거야.'

하지만 이는 올바른 생각이 아니다. 겉만 보고 얕게 판단한 것이다. 뉴턴은 몸이 아파도 언제나 힘과 운동의 문제에 대해 사색했고, 데카르트 역시 아파서 제대로 움직이지는 못했지만 늘 사색하며 천장에 자신의 생각을 적고 지우기를 반복했다.

사과가 땅에 떨어지는 것은 신기한 일이 아니다. 뉴턴 이전에도 사과가 땅으로 떨어지는 것을 본 사람은 무수하다. 지금 이 순간에도 어디에선가 사과가 떨어지고 있다. 중요한 것은 사과가 떨어지는 평범한 광경을 보며 특별한 것을 만들어 낸 뉴턴의 생각과 몰입의 힘이다. 평범한 일상도 특별한 시선으로 바라보고 생각하면 특별한 것을 얻을 수 있다.

그들은 천재가 아니다. 다만 그들은 자신이 고민하고 있는 문제에 대해 엄청난 시간을 투자하여 집중적으로 생각하고 있었을 뿐이다. 그리고 머릿속에 내재되어 있던 지독한 사색과 고민의 결과물이 우연한 현상들을 보았을 때 무의식적으로 밖으로 뛰쳐나와 현실의 현상과 겹쳐져 창조적인 것을 만들어 낸 것이다.

어떤 상황을 해결하기 위해서는 오랜 시간을 집중해서 바라봐야 한다. 결코 우연으로 얻어지는 것은 없다. 창의적인 결과를 만들겠다는, 지금 닥친 상황을 해결하겠다는 강한 의욕을 가지고 많은 시간을 집중했을 때만 원하는 것을 얻을 수 있다.

한 삼성 임원은 업무 시작 30분 전을 무척 독특하게 보냈다. 업무에 잘 몰입하지 못하는 일반 직장인들에게 큰 도움이 될 것 같아 소개한다.

"저는 하루 종일 몰입하기 위해 가능하면 저만의 아침 시간을 길게 가지려고 노력합니다. 그래서 아침 30분을 저만의 방법을 통해 몰입도를 극도로 끌어올리면서 하루 종일 그 긴장감을 유지한 채로 일합니다."

그의 말대로 그는 아침 시간을 활용해서 몰입도를 극도로 높였다. 중요한 것은 퇴근할 때까지 그 긴장감이 이어진다는 사실이다. 그의 방법은 이러하다.

1. 다른 사람들보다 30분 전에 출근하여 그날 풀어내야 하는 가장 중요한 문제를 꺼낸다. 이때 풀어야 할 문제가 중요한 기획안의 컨펌이라면 기획안을 꺼내 놓고, 형체가 없는 것이라면 종이에 문제를 간단히 적어 책상 위에 올려 둔다.

2. 의자에 가장 올바른 자세로 앉아 풀어야 할 문제에 대해 생각한다. 이때 편안한 자세로 앉으면 문제를 푸는 데 오히려 방해가 되니 주의해야 한다. 편안한 몸은 마음을 해이하게 만들 수 있다.

3. 10분 정도 깊이 생각하면 문제를 해결하는 데 도움이 될 만한 키워드들이 떠오를 것이다. 이때 많은 생각을 적으려 하지 말고, 키워드가 될 만한 단어 몇 개만 종이에 적는다. 그리고 다시 생각에 빠진다. 이때 머릿속에

서 키워드들이 돌아다니며 스스로 일하도록 내버려 두어야 한다.

4. 아무리 좋은 아이디어가 떠올라도 생각을 멈추지 말아야 한다. 생각을 멈추면 그동안 일했던 관성으로 일하게 된다. 그러면 창의적인 아이디어를 기대하기 힘들다. 좋은 아이디어를 적는 것보다 중요한 것은 30분이라는 시간을 처음부터 끝까지 생각으로 채우는 것이다. 30분 동안 멈추지 않고 생각하는 것은 생각보다 어렵다. 하지만 이런 단계를 반복하면 놀라울 정도로 일에 몰입할 수 있다.

그는 이렇게 말했다.
"일과 내가 하나가 되었다고 느낄 때 가장 만족스럽다. 나는 어떻게 일을 해야 내가 원하는 대로 나아갈 수 있을지 잘 알고 있다. 나는 나의 모든 일을 통제하고 있고, 그 일 속에 빠져 있다. 주위 사람들은 내가 집중해서 몇 시간이고 한 자리에 앉아 일하는 것을 보며 고통스럽지 않느냐고 묻지만, 정작 나는 아무런 고통을 느끼지 못한다. 나는 그저 일하는 시간을 즐길 뿐이다. 내가 고통스럽지 않은 이유는 내 모든 것이 나의 일에 집중되어 있기 때문이다."

처음에는 쉽지 않겠지만 일주일이든 한 달이든 멈추지 말고 시도해 보라. 매일 아침 풀리지 않는 문제를 마주하고, 계속해서 끊기는 생각의 고리를 연결해 보라. 결국 자신의 일에 대해 생각할 것이고, 가슴으로 일한다는 게 무엇인지 깨닫게 될 것이다. 그리고 비로소 일과 하나가 되어 극도의 집중력으로 업무를 하는 것이 가능해질 것이다.

자신의 일을 완벽하게 제어하라

제일제당이 세무감사를 받은 적이 있다. 그때 담당자였던 한 과장이 놀라운 암기력으로 부서 내 경리 장부를 모조리 외우며 치밀하게 감사를 준비했다. 그의 노력 때문인지 3개월 동안 계속된 감사는 아무 일 없이 끝이 났다. 기업과 세무관청과가 서로 싸우는 관계는 아니지만 일에 대한 그의 열정은 적장까지 감동시켰다.

결국 그는 입사 12년 만에 37세의 나이로 제일모직의 사장이 되었다. 대부분의 사람은 장부를 모조리 외워야겠다는 생각은 하지 않을 것이다. 생각의 시작부터가 다른 것이다. 당신이 사장이라면 누구를 승진시킬 것인가? 자신의 일을 완벽하게 제어하는 직원이 초고속 승진을 하는 것은 당연한 일이다.

신입사원에서 시작하여 삼성의 임원이 된 사람들을 살펴보면, 대부분 신입사원 시절에는 사장이 되겠다는 목표를 가지고 있지 않았다. 하지만 중요한 것은 그런 생각은 하지 않았어도 어떠한 일을 맡으면 남의 일이 아닌 내 일이라고 생각하며 일을 했다는 것이다. 그들은 모두 자신이 하고 있는 일이 천직이라고 생각하며 열정을 다해 일했다. 사장이 되겠다고 말을 하지 않았을 뿐이지 신입사원 때부터 이미 사장의 마인드로 일을 한 것이다.

《임제록》에 이런 문장이 있다.

수처작주 입처개진(隨處作主 立處皆眞).

이는 '가는 곳마다 주인이 되어라. 네가 서 있는 곳이 모두 참된 자리이다.'라는 의미이다. 임원처럼 일하면 임원이 되고, 말단 직원처럼 일하면 말단 직원이 된다. 자신이 하는 일을 완벽하게 제어하기 위해서는 임원의 마인드로 일해야 한다. 그리고 임원의 마인드를 알기 위해서는 생각하는 수준은 극적으로 끌어올려야 한다. 바닥에 앉아 있으면서 생각까지 바닥에 있으면 삶이 얼마나 불행하겠는가. 몸은 바닥에 앉아 있어도 생각은 최대한 끌어올려야 한다. 당신의 생각이 당신의 미래이기 때문이다.

삼성의 임원들을 보면서 '그들은 평소에 무슨 생각하면서 살까'를 고민해 보라. 그들의 마음을 이해할 수 있어야 그들처럼 생각하고 행동할 수 있다. 보통 직장인들은 기껏해야 오전에는 '오늘 점심에는 뭘 먹을까?', 퇴근하기 전에는 '퇴근하면 뭘 하며 시간을 보낼까?' 등을 고민한다. 하지만 삼성의 임원은 보통 직장인과 생각하는 수준 자체가 다르다. 결국 생각이 그 사람이 사는 수준을 만드는 것이다. 사람 사는 세계가 다른 게 아니라, 사람이 생각하는 세계가 다른 것이다.

나는 그동안 운이 좋은 사람, 운이 나쁜 사람, 성공한 사람, 성공하지 못한 사람 등을 수없이 만났다. 좋은 환경에서 자랐지만 평범한 인생을 살고 있는 사람도 있고, 그들보다 못한 환경에서 자랐지만 최고의 인생을 살고 있는 사람도 있다.

나는 그 근본적인 이유가 무엇인지 궁금했다. 그래서 그들이 그동안 이루어 낸 일들, 개인적인 삶 등의 방향을 들여다보며 그 답을 찾았다. 그 결과 찾아낸 것이 바로 '질문'이다. 내가 어떤 감정을 느끼고 어떤 행동을 하게 되는지를 결정짓는 것은 '어떤 사건 그 자체'가 아니라 '그 사건에 대해 어떻게 해석하고 평가하는가'이다. 평가라는 것은 결국 스스로에게 던지는 질문에 의해 좌우된다. 질문은 우리의 상상을 초월하는 영향력을 발휘한다. 인간의 모든 발전은 새로운 질문에 의해 진행된다.

삼성에서 사장을 한 번 하는 것도 어려운데, 무려 3개 계열사의 사장을 거친 전설적인 인물이 있다. 주인공은 바로 최치훈 사장이다. 임원으로 승진할 젊은 나이에 삼성전자 사장이 되고, 삼성SDI와 삼성카드의 사장을 거쳐 삼성물산의 사장까지 맡은 그만의 경쟁력은 무엇일까?

그는 한 인터뷰를 통해 이렇게 말했다.

"나는 안 된다는 말을 하기 전에 방법을 찾아서 해결하려고 노력했습니다."

그를 성장시켜 준 가장 큰 힘은 '불가능을 모르는 삶의 태도'에 있었다. 그는 청춘들에게 이렇게 조언한다.

"남이 하기 싫어하는 일을 하라. 어려운 일이 닥쳤을 때 피하지 말고 받아들여라."

그는 불가능한 일이 자신에게 주어졌을 때 스스로에게 '왜 하필이면 나지?'라고 질문을 던지기보다 '나라면 충분하지 않을까?'처럼 긍정의 의미가 담긴 질문을 자주 한다고 한다. 그러면 자신의 선택에 확신이 생기고, 선택을 한 그 순간부터 미래에 발생할 모든 문제에 대해 총체적인 책임을 질 수 있다는 것이다. 과거와 미래에 대해 책임을 짐으로써 나 자신을 과거로부터 해방시킬 수 있다. 내가 스스로 선택한 더 크고 밝은 미래로 나아갈 수 있다고 믿어야 최고의 선택이 가능해진다.

대부분의 사람은 스스로 자신의 삶을 변화시킬 수 있는 힘을 가지고 있다고 믿는다. 하지만 현실에서는 계속되는 실패로 좌절과 욕구불만의 희생자가 된다. 그리고 인생의 부정적인 면에 초점을 맞추고 '왜 나에게만 항상 이런 일이 일어나지?' 또는 '왜 이렇게 되는 일이 없는 것일까?' 등의 질문을 던진다. 이런 질문은 '그래, 내가 그렇지 뭐.'와 같은 부정적인 대답으로 이어지기 때문에 더욱 좋지 않은 결과를 초래하게 된다.

질문을 바꾸면 세상을 바라보는 관점도 달라진다. 적절한 질문을 통해 얼마든지 어려운 시기를 통과할 수 있다. 더 나은 해결책을 만날 수 있고, 더 나은 성과를 만들어 낼 수 있다. 인생에서 가장 성공하고 행복한 사람들은 자신의 삶을 들여다볼 줄 아는 사람들이다. 다시 말해, 자기 자신에게 제대로 질문할 줄 아는 사람들이다.

창의력은 실천의 결과이다

삼성에서 임원 승진 대상이 된 한 부장이 이렇게 말했다.

"전 제가 가야 할 곳만 보고 달려갑니다. 다른 것은 조금도 신경 쓰지 않습니다."

그는 자정이 넘는 시간까지 거래처 사람들과 회식을 해도 새벽 6시면 어김없이 출근해 자신의 자리를 지킨다. 그는 임원을 꿈꾸는 사람들에게 이렇게 말했다.

"임원이 되고 싶다면 누구보다 일찍 출근하고, 누구보다 늦게 퇴근해야 합니다. 이게 기본이죠. 이런 마음가짐이 없다면 임원이 되겠다는 꿈은 포기하는 것이 좋습니다."

그렇다면 당신의 하루는 어떤가? 식사하는 시간, 커피 한잔하는 시간, 인터넷 검색을 하는 시간 등을 제외하고 하루에 일에 몰입하는 시간은 얼마나 되는가? 길어야 일주일에 40시간 정도일 것이다. 이는 일단 절대적인 업무량에서 임원을 꿈꾸는 삼성의 부장들과 최소 두세 배 정도 차이가 난다.

하지만 이보다 더 중요한 것은 마음가짐이다. 일반적으로 생각해 보자. 당연히 해야 할 일이라 생각하며 적극적인 마음가짐으로 일하는 사람들이 만들어 내는 생산성과 어쩔 수 없이 해야 한다는 마음가짐으로 일하는 사람들이 만들어 내는 생산성에는 어떤 차이가 있을까? 전자는 업무량에 최소 3배를 곱한 생산성이 만들어질 것이고, 후자는 늘어나기는커녕 0.5를 곱해야 할지도 모르는 생산성을 기록할 수도 있다. 중요한 것은 절대적인 업무량이지만 더 중요한 것은 바로 마음가짐이라는 사실이다.

많은 직장인이 자신은 창의성이 부족하다고 말한다. 하지만 나는 그렇게 생각하지 않는다. 부족한 것은 창의성이 아니라 일하는 시간이다. 삼성 임원들의 창의성이 돋보이는 것은 그들이 자신의 일에 대해 생각하는 절대적인 시간이 많기 때문이지 번뜩이는 천재성을 갖고 있기 때문이 아니다. 투자한 시간만큼 창의성을 발휘할 수 있다.

당신은 어떤가. 하루 8시간씩 일하는데도 창의적인 일 처리가 힘들다고 투덜대고 있지는 않은가? 8시간, 창의성을 발휘하기엔 터무니없이 부족한 시간이다. 그 정도로 창의성을 발휘할 수 있었다면 이 세상에는 에디슨과 스티브 잡스 같은 사람이 넘쳐 날 것이다.

스티브 잡스의 번뜩이는 아이디어는 오랜 시간 고민한 치열함과 꼼꼼함에서 비롯하였다. 실제로 그는 픽셀(pixel) 단위까지 내려가는 집요함을 가진 마이크로매니저였다. OS의 스크롤바 디자인 하나도 계속해서 개선을 요구해 6개월의 시간이 소요되었다. 또한 컴퓨터 본체 케이스를 열었을 때 내장도 예뻐야 한다고 주장하며 애플의 본체 내부를 크롬으로 도금하려고까지 했다. 그가 아름답고 창조적인 제품을 만들 수 있었던 것은 대부분의 사람은 제대로 느끼지 못하는 차이까지 집요하게 물고 늘어질 만큼 시간을 투자한 결과였다.

미식가들이 식사할 때 참고하는《미슐랭 가이드》라는 잡지가 있다. 세계적인 타이어 회사 미슐랭(미쉐린)사가 매년 봄에 발간하는 식당 및 여행 가이드 시리즈로, 굉장한 공신력을 가지고 있다. 많은 사람이 이 잡지에 소개된 식당에서 식사를 하기 위해 비행기를 타고 대륙을 이동해 찾아갈 정도이다. 스페인에 있는 '엘 불리'는《미슐랭 가이드》에서 최고 등급인 별 세 개를 받은 레스토랑인데, 이곳에는 수석 쉐프인 페란 아드리아를 비롯해 50명의 요리사가 일하고 있다. 이들은 창의적인 요리를 많이 선보인다는 평가를 받고 있다. 그들은 창의적인 요리를 만들기 위해 매년 6개월 동안 영업을 중단하고 새로운 메뉴 개발에 매진한다. 참으로 놀랍지 않은가.

결국 시간이다. 수석 쉐프인 페란 아드리아는 "나는 보통 사람들이 일하는 시간의 두 배를 일한다. 그러므로 똑같은 수준의 재능을 갖고 있다면, 내가 유리하다."라고 말했다. 먹기 아깝지만 꼭 한 번 먹어 보고 싶은 각양각색의 창의적인 요리는 결코 창의적인 재능으로 단숨에 만들어지지 않는다. 놀랍도록 많은 시간을 투자한 끝에 탄생되는 것이다.

　삼성의 한 임원은 독특한 습관을 가지고 있다. 그는 세상을 놀라게 만들 참신한 아이디어를 얻기 위해 시간이 나면 예술의 전당을 찾아 그림을 감상한다. 작가의 사상과 독특한 표현방식을 이해하는 과정에서 업무와 관련된 아이디어를 얻을 수 있기 때문이다. 또한 거리에서 지나가는 사람들을 관찰하기도 하고, 어떤 생각을 하나 붙잡고 그에 대한 해답을 찾을 때까지 생각 속에서 빠져나오지 않는다.

　삼성의 임원들은 대체로 아침 일찍 일어나 떠오른 아이디어를 가지고 직장에 출근해 팀원들에게 그에 대한 의견을 물어 하나의 기획으로 발전시킨다. 이는 24시간 자신의 일에 대한 생각에 몰입한 사람만이 할 수 있는 엄청난 능력이다. 그들이 기획의 천재가 아니냐고? 절대 그렇지 않다. 그들은 목표를 가지고 자신의 시간을 투자하는 사람일 뿐이다.

　《탈무드》에 이런 말이 나온다.

> 인간의 의지력이 그 사람의 운명을 결정짓는다. 인간이 참으로 인간다워질 수 있는 힘은 그 재능이나 이해력이 아닌 스스로의 강력한 실천력에 있다. 실천력이 없다면 아무런 성과도 없기 때문이다. 인간의 강한 의지력만이 그 사람의 운명을 결정짓는다.

　결국 창의력은 시간 싸움이고, 실천의 결과이다. 자신이 맡은 일을 열심히 하는 사람은 자면서도 일하는 꿈을 꾼다. 그리고 자면서도 마치지 못한 일이 생각나면 이불을 박차고 나와 일에 몰입한다. 일중독이 아니냐고? 꿈과 목표를 가진 사람은 그렇게 산다. 그것이 보통의 삶이다.

내가 하고 있는 일의 가치를 찾아라

영화로도 유명한 《나니아 연대기》의 작가 C.S.루이스가 쓴 《스크루테이프의 편지》에 '인간을 유혹에 빠지게 하는 31가지 방법'이 나온다. 그중에 굉장히 의미 있는 이야기가 있는데, 그것은 바로 '똑똑한 인간을 속이는 방법'이다.

어느 날, 조카 악마인 웜우드(Wormwood)가 이렇게 물었다.

"똑똑하고 잘 사는 사람들을 속이려면 어떻게 해야 하죠?"

그러자 삼촌 악마인 스크루테이프(Screwtape)가 조카를 바라보며 이렇게 답했다.

"열심히 살라고 말해 줘. 그들은 너무 똑똑하기 때문에 적당히 즐기며 살라거나 여유 있는 삶을 살라는 식의 말은 절대 통하지 않아. 대신 그들에게 목표를 정해 주고 그것을 향해 쉬지 않고 달리라고 말해 주면 돼. 그러면 우리가 굳이 무엇을 하지 않아도 그들 스스로 파멸하게 될 거야."

우리는 "열심히만 살면 행복해질 거야."라는 말을 신앙처럼 믿고 살고 있다. 하지만 그것은 틀린 선택이다. 결국 방향이 중요하다. 열심히만 사는 것이 중요한 게 아니라 내 안에 어떤 가치관을 가지고 있고 그것을 삶에서 어떻게 발현시키느냐가 중요하다. 그냥 무작정 열심히 사는 사람은 결국 지쳐 쓰러지게 된다. 요즘 많은 사람이 명상과 힐링에 의지하는 이유가 바로 이것이다. 그저 열심히만 살았기 때문이다.

삼성의 임원들에게 인생의 목적이 무엇이냐고 물으면 대부분 '도전'이라고 대답했다. 도전해서 수없이 실패하더라도 도전을 하며 원하는 일을 하는 삶이 안정적인 삶보다 더 가치 있다고 생각한 것이다. 삼성의 임원들과 반대로 '새로운 도전'보다 '익숙한 안정'을, '실패를 통한 배움'보다 '성공이 주는 인정'을 바란다면 그 사람의 인생은 거기에서 끝난다. 삼성의 임원들은 지난 30년 이상 도전하는 삶을 멈추지 않았기 때문에 지금의 자리에 오른 것이다. 한 임원은 도전에 대해 이렇게 말했다.

"인생을 살면서 가장 중요한 것은 삶의 진정한 가치를 찾아가는 것입니다. 새로운 세상의 가치를 만들기 위해 끝없이 노력했다면, 그 결과가 실패로 끝난다 해도 보람 있는 삶을 살았다고 할 수 있죠. 포기하지 마세요. 자신의 가능성을 믿고 도전하세요. 도전해 보지 않은 사람은 행복을 알 수 없습니다. 도전을 통해 진정한 삶의 가치를 찾을 수 있으니까요."

어떤 사업이든 매출이 늘어나면 당연히 사업 규모가 커지고 밥 먹을 시간도 없는 바쁜 나날이 이어진다. 삼성의 한 임원 역시 마찬가지였다. 그가 그 부문을 맡고 나서 사업 규모가 커졌고, 지방과 서울을 오가며 차 안에서 숙식을 해결하는 날이 많았다. 그렇게 그는 몇 년 동안 퇴근을 모르고 살았다. 과연 그는 그 시절을 어떻게 기억할까? 너무 힘들어 잊고 싶었던 순간으로 기억하는 것은 아닐까? 그는 바쁜 시절을 겪으며 일에 대한 새로운 가치를 발견했다고 말했다.

"정말 이상하죠? 저는 그 시절이 가장 행복했어요. 밥을 먹지 못해도, 편안하게 잠을 자지 못해도 불행하지 않았습니다. '스스로 가치 있다고 생각하는 일을 하면 힘든 일도 힘들지 않다'는 사실을 알게 되었죠. 반대로 지금 하고 있는 일이 아무리 쉬워도 힘들게 느끼는 이유는 스스로 자신의 일을 가치 있다고 생각하지 않기 때문입니다."

내가 알고 있는 삼성의 한 임원은 지난 5년 동안 가족과 함께 여행을 가

본 적이 없다고 했다. 이에 대해 많은 사람이 이렇게 반문한다.

"그게 사람 사는 거야? 그렇게 팍팍하게 살아서 뭐 할 거야?"

하지만 나는 "지난 5년 동안 가족과 여행을 가 본 적이 없다."라고 말하는 그의 입과 얼굴 그리고 태도에서 그 어떤 우울함도 찾아볼 수 없었다. 아니 오히려 담담했다. 그 바탕에는 일에 대한 분명한 가치가 있었기 때문이 아닐까.

테크닉이 아닌 영혼이 숨 쉬게 하라

1994년, 삼성전자 무선전화기사업부는 제품 출시를 서두르다 불량 상품을 내놓게 되었다. 불량률이 11.8%까지 치솟자 이건희 회장은 즉시 모든 불량 휴대폰을 수거하라고 지시했다. 그로 인해 1995년 3월 9일, 수거된 15만 대의 휴대폰이 구미사업장 운동장에 쌓였다. 그리고 큰 망치를 든 10여 명이 2,000여 명의 임직원이 지켜보는 앞에서 휴대폰을 내리쳤다. 그렇게 15만 대의 제품은 산산이 부서져 나갔다. 조각난 제품은 시뻘건 불구덩이 속으로 던져졌다. 돈으로 따지면 500억 원가량이 연기와 함께 사라진 것이다.

나는 그동안 이 엄청난 사건을 책과 강연에서 자주 언급했다. 여기에서 주목한 부분은 이건희 회장의 최고를 향한 강한 집념이었다. 그런데 이번에는 이건희 회장이 아닌 삼성 임원들에 대해 생각하게 되었다.

당시 휴대폰 생산에 관련된 임원들은 힘들게 만든 제품이 불길에 휩싸이는 모습을 보며 만감이 교차했을 것이다. 보통 사람이라면 모든 의욕을 잃고 스스로를 비난했을 것이다. 하지만 그들은 그 순간, 가슴이 뜨거워졌다고 한다. 그들이 회장에게 반기를 들거나 "이 정도면 충분히 괜찮은 제품입니다!"라고 항의하지 않은 이유는 단지 그들이 직원이기 때문이 아니라, 제품에 자신의 혼을 담지 못했다는 뜨거운 반성을 했기 때문이다. 그 순간의 반성은 오늘날, 엄청난 성과로 삼성을 먹여 살리고 있다.

- 갤럭시S4가 출시 한 달 만에 판매량 1천만 대를 돌파하며 안드로이드폰 역사상 가장 빠른 속도로 팔렸다.
- 삼성전자가 갤럭시S4의 판매 목표를 1억 원대로 잡은 가운데, 2014년에 그에 근접하는 만큼 판매를 할 것이라는 긍정적인 분석이 나왔다.
- 미국에서 검은색 버전 32GB 갤럭시S4는 거의 품절 상태이다.
- 삼성전자의 스마트폰 갤럭시S4가 미국 컨슈머리포트의 스마트폰 평가에서 최고점을 받았다. 갤럭시S4는 컨슈머리포트의 평가 항목 10개 중 7개 부문에서 최고 평가를 받았다.

2013년에 갤럭시S4가 엄청난 성공을 거둔 것은 '사람'을 중심에 두었기 때문이다. 소비자들이 갤럭시S4에 열광하는 아래 두 가지 기능은 사람을 생각한 기능 중 대표적인 것들이다.

1. 사진이나 동영상을 찍을 때 찍는 사람도 나오게 할 수 있다.
2. 장갑을 낀 상태에서도 휴대폰을 조작할 수 있다.

아이들의 사진을 찍어 주느라 함께 사진을 찍지 못한 부모들의 안타까운 마음을 이해하고, 겨울에 길거리에서 휴대폰을 사용할 때 꼭 장갑을 벗어야 한다는 불편한 마음을 읽었기에 이러한 기능을 추가할 수 있었다. 이런 기능을 넣는 것은 테크닉이 필요하지만 그렇다고 전에 없던 엄청난 테크닉이 필요한 것은 아니었다. 우선은 사람을 생각하는 자세가 필요했다. 삼성의 임원들이 세계시장에서 갤럭시S4 열풍을 창조할 수 있었던 결정적인 이유는 테크닉이 아니라 영혼으로 제품을 만들었기 때문이다.

보통 대중은 수많은 상품을 만든 사람을 대우해 준다. 하지만 본질적으로 어떤 사람이 이루어 낸 것들의 양이 많다고 해서 그 사람을 생산적이라고 볼 수는 없다. 중요한 것은 양이 아니라 생명력이다. 그래서 나는 갤럭시S4를 만든 삼성의 임원들을 최고로 생산적인 사람이라고 생각한다. 그들은 많은 것을 만들어 내지는 못했지만, 자신들이 만든 모든 것에 영혼을 불어넣었다.

1992년, 삼성의 한 부서에서 100억 원 이상의 비용 투자가 발생하는 신규 사업 프로젝트 도입을 검토하고 있었다. 부장은 처음 접해 보는 사업이라 K과장과 H과장에게 각자 시장 조사 및 사업성에 대해 검토해 보라고 지시하며 일주일의 시간을 주었다. K과장은 생각보다 빨리 보고서를 제출했다. 3장짜리 보고서였다. 하지만 그의 보고서에는 별 내용이 없었다. 정리해 보면 이렇다.

정말 굉장히 좋은 사업이다. 이런 사업이 국내에 처음 도입되는 것이므로 지금 당장 시작하면 좋겠다.

부장은 K과장에게 이렇게 보고서를 작성하게 된 근거를 제시하라고 말했다. 하지만 그는 이렇게 말할 뿐이었다.

"그 부분은 아직 조사하지 못했습니다. 정말 좋은 사업이니 이런저런 조사를 할 시간에 빠르게 사업을 시작하는 것이 좋을 것 같습니다."

일주일 후, H과장이 보고서를 제출했다. 그의 보고서는 굉장히 두툼했다. 중요한 것은 분량뿐만이 아니었다. 그는 예상과 다르게 이 사업을 해서는 안 된다는 결론을 내렸다. 이미 유사 사업이 많이 진출되어 있고, 다양하게 조사해 보니 사업성이 크게 떨어진다는 것이었다. H과장은 K과장과 달리 자신의 말을 증명하는 자료와 논리를 지지해 주는 구체적인 근거를 체계적으로 제시했다. 더 이상 물어볼 것이 없을 만큼 완벽한 보고서였다.

차별화란 바로 이런 것이다. 점 하나도 더 이상 찍을 수 없을 정도로 완벽한 작품을 만들어 내는 것이 바로 차별화이다. 물론 H과장은 지금 삼성의 임원이 되어 승승장구하고 있다.

몇 년 전, 나는 삼성의 임원 출신이 본부장으로 있는 기업에서 잠시 일을 할 기회가 있었다. 그 당시에는 삼성의 임원들에 대해 특별한 관심이 없었기 때문에 별 생각이 없었다. 그러던 어느 날, 그에게서 놀라운 것을 발견하였다.

그는 내가 금요일 퇴근 무렵에 제출한 기획안을 주말에 검토해 보겠다고 하며 집으로 가지고 갔다. 그리고 월요일 아침, 그는 내게 수정해야 하는 부분을 표시했다고 말하며 기획안을 건네주었다.

'대체 얼마나 많이 수정해야 하기에 표시까지 했을까?'

자리에 돌아와 기획안을 살펴보았는데, 표시를 한 부분을 발견할 수 없었다. 본부장에게 달려가 물었다.

"본부장님, 어디가 수정된 건지 잘 모르겠습니다."

"여기 이곳이야. 자네가 쉼표를 찍었는데 내가 그걸 마침표로 바꿨네."

쉼표 하나도 그냥 넘어가지 않는 그의 치밀함과 집요함이 그대로 느껴졌다. 그것은 열정에 정성을 더한 것이다. 그를 포함한 삼성의 임원들은 최고의 예술 작품을 만드는 것처럼 일한다. 나는 그들에게서 몇 가지 공통점을 발견하였다.

1. 최고의 감각을 가지고 있다

"넌 왜 그렇게 감각이 없니?"라는 핀잔을 자주 듣는 사람이 있다. 그들은 어떤 일을 하든지 아무리 독려해도 요지부동이다. 이는 일에 대한 감각이 전혀 없는 사람들의 특징이다. 일을 예술적으로 하려면 감각이 필요하다. 무슨 일을 맡겨도 감각적으로 해내는 삼성 임원들의 힘은 어디에서 나오는 것일까? 바로 모험심이다. 그들은 새로운 사람을 만나고 새로운 일을 맡는 것을 즐긴다. 이를 통해 새로운 경험을 쌓아 두고 숙성시키면서 자신만의 감각으로 승화해 내는 것이다.

2. 주인공 마인드를 가지고 있다

그들은 언제나 자신이 삶의 주인공이라고 생각하기 때문에 어디에서든지 자신이 사장이라고 생각하고 일한다. 작은 배역을 맡아도 주인공을 맡은 것처럼 모든 힘을 다해 몰입한다. 그래서 자신이 하고 있는 일처리 방식이 비용대비 효율적인지 늘 고민하고 수정한다. 그들은 늘 이런 가정을 한다.
'만약 내가 사장이라면, 내가 작성한 카피로 지면 광고에 1억 원을 투자할 수 있을까?'
그들은 자신이 사장이라도 자신 있게 쓸 수 있을 때까지 끝까지 물고 늘어져 최고의 결과물을 만들어 낸다.

3. 남이 아니라 자신과 경쟁한다

그들의 경쟁 상대는 언제나 자기 자신이다. 따라서 자신이 하고 있는 일에서 최고가 되어야겠다는 강력한 신념을 가지고 있다. 시간 가는 줄도 모른 채 육상 선수가 신기록을 세우기 위해 막판 스퍼트를 내는 것처럼 하루 종일 스퍼트를 내며 일한다. 또한 그들은 남과 경쟁하는 게 아니라 자신과 경쟁하기 때문에 실패를 두려워하지 않는다.

4. 걷고 또 걷는다

예술적인 감각을 높이기 위해 가장 중요한 것은 바로 산책이다. 대부분의 예술은 산책에서 태어난다. 산책을 통해 온몸의 감각이 예리해지기 때문이다. 지금 당장 밖으로 나가 느껴 보라. 어딘가에 도착하기 위해 걷는 것이 아니라, 오직 길을 걷기 위해 걸어 보라. 길을 천천히 걸으며 사물 하나하나에 눈을 맞춰 보라. 지금까지 봐 왔던 것일지라도 다르게 느껴지는 것을 체험할 수 있을 것이다.

앞서 제시한 네 가지 방법은 어찌 보면 사소해 보이지만 굉장히 중요하다. 삼성의 임원들은 이런 자세로 일을 한 결과, 일을 예술 작품 만들 듯 완벽하게 처리할 수 있었고, 지금의 자리까지 오를 수 있었다.

달성 가능한 목표가 아닌 원하는 목표를 세워라

삼성은 언제나 달성 가능한 것을 목표로 잡지 않는다. 그 누구도 삼성이 금성사가 장악하고 있던 가전제품 시장에 뒤늦게 뛰어들어 매출 순위를 뒤바꿔 놓고, 아무도 생각하지 않았던 반도체 사업에 과감하게 투자하여 세계적인 기업으로 발돋움할 것이라고 생각하지 못했다.

이는 그들이 달성 가능한 목표가 아닌 원하는 목표를 세웠기 때문에 가능했던 결과이다. 최고를 향한 의지만이 최선의 결과를 끌어낼 수 있다. 이러한 의지는 우리가 정해진 삶을 사는 데 그치지 않고, 스스로 삶을 개척해 나가는 데 도움을 준다.

삼성의 40대 여성 임원이 이런 말을 했다.

"성공하고 싶다면 먼저 자신에 대한 믿음을 가지세요. 저는 꿈이 굉장히 중요하다고 생각해요. 임원이 꿈이라면 일단 '나는 할 수 있다'고 마음먹어야 해요. 그게 시작이죠. 꿈을 크게 가지고 그 꿈을 매일 생각하세요. 아침에 일어나자마자, 출근하자마자, 점심 식사를 할 때, 퇴근을 할 때 매 순간 당신의 꿈을 생각하세요. 그리고 이루어진 모습을 상상해 보세요. 물론 뜬구름 잡는 말처럼 들릴지도 몰라요. 하지만 놀랍게도 저는 시간이 흐르면서 꿈을 이루었어요. 되도록 간절하게 꿈을 꾸기를 바라요. 큰 소리로 외쳐 보기도 하세요. 간절히 바라지 않으면 제대로 준비하지 못하는 법이죠. 다른 사람들과 비교하는 것은 무의미해요. 자신만의 꿈을 정하고 꾸준하게 나아가면 결국 이룰 수 있어요."

당구를 쳐 본 사람은 알겠지만, 점수가 120점 정도 되는 사람이 200점 이상으로 올리는 것은 매우 어렵다. 당구는 한두 단계를 올리는 것도 어려운 종목이다. 당구에 대해 열심히 공부하고 연구해도 120점인 사람이 200점 정도의 사람과 게임을 하려고 하면 여간 부담스러운 게 아니다. 괜히 점수를 올리고 치다가 게임에 지면 억울하게 돈만 날리게 되기 때문이다. 그러다 보니 점수를 올리지 못해 만년 120점이고, 잘해야 짠 120점이라는 소리를 듣는 것이다.

하지만 삼성의 임원들은 다르다. 지금은 120점이라 해도 200점을 치고 싶으면 즉시 200점을 놓고 친다. 물론 처음에는 게임에서 계속 질 것이다. 지는 게 당연하다. 그렇지만 그들은 그것을 안타까워하거나 아쉬워하지 않는다. 다만 지면서도 어떻게 하면 상대방을 이길 수 있는지 방법을 찾기 위해 애쓴다. 결국 그들은 생각보다 짧은 시간 안에 200점으로 성장한다. 무모하지만, 때로는 무모한 도전이 엄청난 성과를 낸다.

이런 프로세스를 자신의 일에 적용시키면 얼마나 놀라운 일이 일어날까? 삼성에서 창조한 수많은 것은 모두 이 마인드에서 나왔다. 삼성에서 지금까지 수많은 업종에 손을 대면서 단시일 내에 국내 정상 자리에 오르고야 마는 놀라운 추진력을 보였던 것도 이런 방식이 있었기 때문이다.

삼성의 임원들이 신입사원 시절에 작성한 계획서를 보면 다른 사람들과 확연히 다른 자신감이 엿보인다. 모든 사업이 시작부터 불확실성을 안고 있지만, 그런 점에 대한 고려는 전혀 없다. 대신 그들은 반드시 해내야 할 일이라는 것과 그것을 위해 무엇을 어떻게 추진하고 결과적으로 세계 시장을 몇 %까지 점유할 것인가에 대한 의욕이 충만하다. 어떻게 생각하면 매우 황당한 계획서일 수도 있다. 하지만 그것은 그들의 눈과 말하는 자세를 보지 못한 자의 생각이다. 평범한 직원들과 그들은 시작부터 다르다. 그들은 목표에 대한 뚜렷한 열정을 바탕으로 달성 가능한 목표가 아니라 스스로 원하는 수준의 목표를 정하고 전진한다.

물론 늘 성공만 하는 것은 아니다. 때로는 자신이 원하는 결과를 내지 못하고 낙망할 수도 있다. 하지만 그런 어려운 시기들을 이겨 내다 보면, 결국 균형 잡힌 삶을 살아가는 법을 터득할 수 있다. 힘든 시기를 겪지 않았다면, 지금 이룩한 것들을 아예 시도조차 못하고 끝냈을 수도 있다.

하지만 실패는 언제나 사람을 고통스럽게 만든다. 실패의 고통을 견디기 위해 '자신을 사랑하는 마음'을 갖추는 것이 좋다. 일이 잘되지 않거나 원하는 만큼 성과가 나오지 않았을 때, 자신을 사랑하지 않는 사람은 극단적인 선택을 할 수 있다. 하지만 자신을 사랑하는 사람은 전혀 다른 태도를 보인다. 그들은 내일을 기다릴 줄 안다. 사랑하는 사람이 늦어도 불평 없이 그 사람을 기다리듯, 사랑은 사람을 기다리게 한다.

결국 중요한 것은 최고의 삶을 살기 위해서는 최고의 태도가 뒤따라야 하며, 이는 우리가 자신을 얼마나 사랑하느냐에 달려 있다는 것이다.

마니아 수준으로 일을 즐겨라

삼성의 계열사 중 가장 탄탄한 곳의 사장으로 있던 L은 어느 날 갑자기 파산 상태에 있는 다른 계열사로 이동하라는 지시를 받았다. 이해할 수 없는 인사이동이었다. 사람들은 1조 원 이상의 적자를 내는 곳으로 이동하는 그를 바라보며 이렇게 생각했다.

'사람이 나락으로 떨어지는 건 정말 한순간이야. 이제 직장 생활을 마무리 해야 하는 것이 아닐까?'

그도 그럴 것이 그 당시 경기는 매우 좋지 않은 상황이었고, 1조 원 이상의 적자를 내는 회사의 사장으로 보낸다는 것은 회사를 나가라는 말과 다름없었다. 하지만 그는 그렇게 생각하지 않았다.

'내가 반드시 회사를 다시 일으켜 세우겠어!'

그 후 그는 기적을 만들어 내기 위한 전략을 세우고, 실천했다. 놀랍게도 그는 많은 사람의 부정적인 예상을 불식시키고, 매년 1조 원의 적자를 내던 회사를 3년 만에 3천억 원 가까이 순익을 내는 알짜 회사로 바꾸어 놓았다. 그로 인해 언론에서는 난리가 났고, 앞다투어 그의 성공 비결을 분석하고 이런 결론을 내렸다.

그의 성공 비결은 실행력이다. 그는 언제나 직원들에게 이렇게 말했다. "실행하지 않는 계획은 무의미하다. 실행력을 높이기 위해 목표와 전략을 구체화시키고 생동감 있게 관리하라." 그리고 매우 현실적인 지시를 내렸다. '영업장 청결'이라는 추상적인 구호보다 '영업장에 휴지 한 장 보이지 않게 만들기'와 같이 구체적인 전략을 제시할 것을 요구한 것이다.

언론이 분석한 그의 성공 비결은 매우 당연한 것이다. 우리가 궁금한 것은 당연한 것이 아니라 '그가 어떻게 실행력을 갖출 수 있게 되었고, 어떻게 현실적인 지시를 할 수 있는 능력을 가지게 되었느냐'이다. 어떠한 행동이 아니라, 그 행동이 나오기까지의 과정이 궁금한 것이다. 나는 그의 성공 비결을 이렇게 분석했다.

'그의 성공 비결은 자신의 업을 전문가 수준으로 즐기고 연구하는 마니아 정신에 있다!'

그는 이렇게 말했다.

"전자제품의 세일즈맨 중에 영화나 오디오 마니아가 있다. 이 사람은 어느 세일즈맨보다 성과가 좋다. 마니아 수준으로 지식을 무장한 세일즈맨은 물건을 잘 팔 수밖에 없다. 남보다 아주 잘할 필요는 없다. 1~2%만 차별화가 되면 된다. 이런 작은 차이는 일을 즐길 줄 아느냐 모르느냐에 달려 있다."

그처럼 마니아 수준으로 자신의 업을 즐기면 이런 변화가 생긴다.

1. 끊임없는 발상 전환

자신의 업을 마니아 수준으로 즐기는 사람은 아이디어 도출 과정에서부터 끊임없이 공부를 한다. 미친 듯이 관련 자료를 찾고 경쟁사의 동태를 파악하며, 경쟁사를 이길 방법을 모색한다. 일에 대한 거의 모든 것을 알고 있기 때문에 "이런 상황에서는 어떻게 하면 될까?"라는 최고의 질문을 통해 최고의 답을 찾는 것이 가능해진다. 따라서 언제나 완벽한 전략으로 일을 진행할 수 있다.

2. 포기하지 않는 정신

물론 아이디어를 창조하고 전략을 만드는 것이 전부가 아니다. 제대로 실행하는 것이 가장 중요하다. 그들은 실행 단계에서 더욱 큰 열정을 갖게 된다. 그 전략이 바로 자신의 아이디어를 통해 만들어진 것이기 때문이다. 따라서 간혹 실패 위기가 오더라도, 자연스럽게 '다시 한 번 해 보면 어떨까?'라는 긍정적인 사고를 하게 되고, 포기하지 않고 성취할 때까지 멈추지 않는 끈기를 발휘한다.

3. 엄청난 내공

보통 직장인은 나이가 들면 능력이 바닥나 은퇴를 하지만, 마니아 수준으로 일을 즐기는 사람들은 시간이 흐를수록 그 위력 또한 비례해 증폭되기 때문에 더 강력한 업무 능력을 보인다. 또한 나이가 들어도 늘 처음처럼 고민하고 연구하고 탐구하는 습관을 그대로 간직하고 있기 때문에 오랫동안 현역으로 살아갈 수 있는 가능성이 높다.

결국 그가 잘나가던 부문에서 매년 1조 원 이상의 적자를 내는 계열사로 인사이동을 통보받았을 때, 전혀 망설임 없이 이동했던 이유는 일을 마니아 수준으로 즐기는 자신의 능력을 믿고 있었기 때문이다. 마니아 수준으로 일을 즐기는 그에게 그런 인사이동은 어쩌면 행복 그 자체였을지도 모른다. 다시 또 연구하고 아이디어를 찾아내며 발상을 전환할 수 있게 만들 일을 발견한 것이니 말이다.

이것이 바로 마니아 수준으로 일을 즐기는 사람들의 무서움이다. 그들은 세상 그 누구도 가능하다고 생각하지 않은 일을 당연히 가능하다고 생각하고 달려들어 기어이 해내고야 만다.

최고의 하루를 보내는 다섯 가지 질문

삼성의 한 임원에게 이렇게 질문했다.

"당신은 일할 때 얼마나 집중하나요?"

그러자 그는 이렇게 답했다.

"나의 하루를 말해 주면 될 것 같네요. 나는 사무실에 가장 먼저 출근합니다. 그리고 사무실 책상에서 점심 식사를 하고, 마지막까지 남아 일을 하죠. 중요한 것은 화장실에도 자주 가지 않는다는 거예요. 아, 이상하게 생각하지 마세요. 화장실에서 느끼는 기쁨보다 일에서 느끼는 기쁨이 나를 더 행복하게 만들어 주기 때문이에요. 그리고 사실 일에 집중하다 보면 화장실에 가고 싶다는 생각이 잘 들지 않아요."

삼성의 임원들은 공통적으로 업무에 임하기 전에 혹은 회의에 들어가기 전에 물을 마시지 않는다. 몇 시간이고 집중해서 회의하기 때문이다. 물론 이런 그들의 행동에 반감을 품는 사람들은 이렇게 말할 것이다.

"대부분의 사람이 그렇게 일하지 않나? 나도 그렇게 일해서 습관성 방광염에 걸렸는데?"

"내 사업이라면 그렇게 일하겠지만, 회사에서 화장실까지 참으며 일할 필요가 있어? 누구 좋으라고?"

"그렇게 해서 성공한 것이라면 우리나라에 성공한 사람이 넘치겠네!"

이렇게 푸념하며 그들은 "커피나 한잔하러 가자!" 혹은 "담배 한 대 피우고 하자."라고 말하며 꽤 오랫동안 자리를 비울 것이다. 그러면서 자신은 정말 죽어라 일하는데 월급은 쥐꼬리만큼 준다며 불평을 늘어놓을 것이다.

온종일 화장실도 가지 말고 18시간씩 앉아서 일을 하라는 게 아니다. 회사에 머물러 있는 시간을 기준으로 삼성의 임원들은 기껏해야 보통 직장인보다 몇 시간 정도 더 일한다. 가끔은 더 일찍 퇴근하기도 한다. 문제는 일하는 시간에 무섭게 집중한다는 것이다.

알고 있다. 한국 사람이라면 누구나 많은 일을 한다는 사실을. 그런데 미안하지만 그것은 노력이 아니라 순전히 노동이다. 나는 자신이 원하는 일에 무섭게 집중했을 때, 노력했다고 말한다. 아무 생각 없이 그저 시간을 보내기 위해 머문 시간은 노력이 아니라 노동이다. 당신에게 이렇게 묻고 싶다.

"우리는 스스로 자신을 노동자로 만들고 있는 것은 아닐까?"

회사는 절대 어리석지 않다. 노력하는 직원과 노동하는 직원을 완벽하게 구별한다. 안타깝게도 회사는 언제나 직원의 연봉을 삭감할 생각으로 가득 차 있다. 하지만 그런 부정적인 생각에 갇혀 있을 필요는 없다. 중요한 것은 그런 와중에도 당신 주변에 50% 혹은 100% 연봉이 오른 동료가 있다는 사실이다.

당신이 회사에서 명절 선물로 나누어 준 김을 보고 '뭘 이런 걸 주고 그래. 가져가기도 챙피하게. 그냥 점심 시간에 도시락이랑 다 먹어 치워야겠다.'고 생각할 때 당신 옆에 앉아 일하고 있는 동료는 보너스를 받고 해외여행을 꿈꾸고 있을 수 있다는 사실을 알아야 한다.

　유유상종 이론은 직장에서도 통한다. 연봉이 적다고 불평하는 직원은 당신뿐이거나 당신과 함께 업무 중에 종종 커피를 마시며 수다를 떠는 친한 동료뿐일 수도 있다.

　삼성의 임원들은 매일 업무에 임하기 전에 하루의 가치를 최고로 만들기 위해 스스로에게 이런 질문을 던진다.

　1. 어제 나는 계획했던 만큼 일을 해냈는가?
　2. 어떻게 해야 내가 원하는 하루를 보낼 수 있을까?
　3. 생산성과 집중력을 높이기 위해서 어떻게 해야 하는가?
　4. 오늘 반드시 해야 할 일은 무엇인가?
　5. 오늘 하지 않아도 상관없는 일은 무엇인가?

　삼성과 관련한 우스갯소리 중에 이런 말이 있다.
　"삼성에서 상무가 되면 평생 먹고사는 문제가 해결된다. 전무를 하면 2대(代)까지, 부사장 이상 하면 3대까지 먹고살 수 있다."
　사람들은 그들이 가진 돈과 명예로 그들을 판단한다. 하지만 나는 다르게 생각한다. 삼성에서 상무가 되면 평생 먹고사는 문제가 해결되는 이유는 그들이 가진 돈과 명예가 아니라 그들의 삶의 방식 덕분이다. 앞서 말했지만 사양 산업은 있어도 사양 개인은 없다. 삼성은 무너질 수 있다. 하지만 그 안에 있는 삼성 임원들의 능력은 절대 무너지지 않는다.
　《중용(中庸)》에 이런 문장이 있다.

군자, 소기위이행 부원호기외(君子, 素其位而行 不願乎其外).

군자는 자신의 처지와 본분에 맞게 행동할 뿐, 그 밖의 것은 바라지 않는다. 삼성의 임원들은 일을 할 때 자신이 얻을 수 있는 성과나 연봉에 연연하지 않았다. 그렇기 때문에 자신들의 일을 노동으로 만들지 않았고, 자신만의 경쟁력을 만들어 낸 것이다. 그들은 매일 앞서 제시한 다섯 가지 질문을 통해 일 자체를 훌륭하게 해내는 데 더 많은 관심을 기울이며 하루하루 최선을 다했다. 성과와 연봉은 그들의 노동이 아닌 노력의 부산물일 뿐이다.

스트레스 해소법

삼성의 임원들은 내일 해야 할 일을 생각하면서 잠도 제대로 자지 못하는 열정적인 삶을 살고 있다. 그래서 많은 사람이 그들을 '독종'이라고 부른다. 하지만 그들 역시 인간인지라 스트레스를 받는다. 그들은 많은 업무를 처리하기 때문에 스트레스를 해소하기 위해 따로 시간을 내기가 어렵다. 그러니 스트레스가 차곡차곡 쌓일 수밖에.

삼성의 임원들은 모두 자신만의 스트레스 해소법을 가지고 있었는데, 그중 한 임원은 상당히 간단한 방법으로 자신을 위로하며 스트레스를 다스리고 있었다. 그의 방법은 이러했다.

- 회사 일이 잘 풀리지 않을 때는 고민하지 않는다. 그것은 개인적인 일이 아니니까.

- 회사 일이 잘 풀리면 크게 기뻐한다. 회사 일이지만 내가 함께한 일이니까.

그는 일이 잘 풀리지 않을 때마다 개인적인 일이 아니니 스트레스를 조금 덜 받자고 생각했고, 일이 잘 풀리면 자신이 참여한 일이니 크게 기뻐하자는 자세로 임했다. 마니아 수준으로 일을 즐기는 사람만이 할 수 있는 발상 전환이 아닐까 싶다. 다소 이기적인 발상일 수도 있지만, 그들은 발상 전환을 통해 스트레스까지 제어한다.

이 글을 읽는 독자 중에 여성도 많을 것이다. 우리나라 직장의 특성상 여성이 받는 스트레스가 굉장하기 때문에 삼성의 여성 임원들은 어떻게 스트레스를 해소하는지 궁금했다. 많이 좋아졌다고 하지만 여성들이 받는 불이익에서 오는 스트레스는 줄어들지 않았을 것이라는 생각이 들었기 때문이다.

한 여성 임원에게 이렇게 질문했다.

"불합리함을 어떻게 극복했습니까?"

그러자 그녀는 이렇게 답했다.

"저는 불이익을 받은 적이 없어요. 사실 처음 입사했을 때는 약간의 불이익이 있긴 했죠. 남자 동기들에 비해 급여도 적었고, 그들보다 열심히 일해도 평가가 좋지 않았던 게 사실이에요. 하지만 그런 생각에 빠지지 않기로 결심했죠. 여성이 불이익을 받는다는 생각에 갇혀 있으면 피해 의식을 갖기 쉬워요. 무슨 일을 해도 짜증이 나죠. 사실 그게 더 스트레스 받는 일이에요. 대신 이렇게 결심했죠. '남자보다 두 배 이상 더 일을 잘하자. 분명한 차이를 만들어 내자.' 이런 생각이 스스로에게 큰 도움이 되는 가장 완벽한 방법이 아닐까요?"

삼성의 여성 임원은 대부분 긍정적이고 패기가 넘친다. 그래서 현실에 무릎 꿇지 않는다. 남자가 100점을 맞으면 자신은 200점을 맞으면 된다고 생각한다. 이런 자세로 일을 하기 때문에 웬만하면 스트레스를 받지 않는다.

그 밖에 삼성의 임원들은 여행, 산책, 그림 감상, 사진 촬영 등을 통해 스트레스를 해소한다고 한다. 그중에는 스트레스를 받아들여 화장실에 가서 화를 삭이는 임원도 있었다.

퇴임을 한 한 임원은 스트레스를 피할 수 없다면 기꺼이 자신의 것으로 받아들여 적극적으로 맞서는 것이 최선이라고 말하며, 방황하고 있는 수많은 직장인에게 이런 이야기를 남겼다.

"내가 가장 좋아하는 길은 극장에 가는 길도, 술집으로 가는 길도, 여행을 떠나기 위한 길도 아니었습니다. 내가 가장 좋아하는 길은 회사에 가는 길이었습니다. 언제나 나는 그 길 위에서 최선을 다해 일할 것이고, 웃을 것이라 다짐했습니다. 학생이라면 학교에 가는 길이, 의사라면 병원에 가는 길이, 직장인이라면 회사에 가는 길이 가장 즐거운 길이어야 합니다. 그래야만 일을 즐길 수 있게 되니까요. 언제까지 하기 싫은 일을 억지로 하며 살 건가요? 나는 회사에 다닐 때 주말이면 어서 빨리 월요일 아침이 되기를 기다렸습니다. 비록 늦게 퇴근하는 날이 많았지만 집으로 돌아가는 길도 무척 행복했습니다. 빨리 가서 책을 읽고, 업무에 도움이 되는 공부를 하고 싶어 가슴이 두근거렸죠. 나는 언제나 내 일을 전력을 다해 사랑했습니다. 어디를 가든 가슴이 뛴다면, 당신이 무슨 일을 하는 사람이든 행복한 삶을 살고 있는 것이라 생각합니다. 그런 사람은 스트레스를 받지 않을 거예요. 당신의 일을 사랑하세요. 그것이 바로 스트레스를 받지 않는 최고의 방법입니다."

자신의 일을 사랑하는 사람에게는 스트레스도 찾아오지 않는다는 사실을 기억하라. 일을 즐기면 당연히 스트레스도 없다. 현실을 불평하려는 생각이 들 때, 지금보다 두세 배 더 잘하겠다고 생각하라. 그럼 스트레스가 사라질 것이고, 심장의 두근거림을 느낄 수 있을 것이다.

건강은 가장 중요한 재산이다

직장인에게 건강 관리는 성공의 필수조건이다. 게다가 몰입은 상당한 체력을 요하기 때문에 삼성의 임원들처럼 하루 15시간 이상 일에 몰입하는 사람들에게 건강은 매우 중요하다. 삼성의 임원들은 매일 걷기 위주의 조깅 혹은 계단 오르내리기, 러닝머신 등의 운동을 한다. 각각 다른 방법으로 운동을 하지만 '무리하지 않는다'는 공통점이 있다. 무리하면 건강을 망치게 된다는 것을 잘 알고 있기 때문에 건강에 도움이 되는 선에서 적당히, 매일 운동하는 것이다.

식생활 부분에서는 몇 가지 특이한 점이 있다. 많은 직장인이 그렇겠지만 삼성의 임원들 역시 자리의 특성상 사람을 자주 만나 음주를 한다. 사실 젊을 때는 매일 술을 마셔도 살이 잘 찌지 않지만, 서른 살이 넘어가고 마흔 살이 넘어가면 먹은 것도 없는데 배가 나오기 시작한다. 그렇게 나온 배는 시간이 더 지나면 아예 사라지지 않을 것처럼 불뚝 솟아오른다.

30년째 170cm 정도의 신장에 60kg의 체중을 유지하고 있는 임원이 있다. 그의 건강 유지 비결은 간단하면서도 고정관념을 깨는 방법이었다. 그는 술을 마실 때 절대 식사를 하지 않는다. 보통 한국 사람들은 술을 마실 때 속을 편안하게 만들어야 한다며 간단하게라도 식사를 하고 술을 마시는데, 그는 지난 30년 동안 자신의 원칙을 어기지 않았다. 그리고 하루도 거르지 않고 매일 새벽 4시 30분에 일어나 한 시간 정도 운동을 했다. 이를 통해 그는 30년 동안 한결같은 몸무게를 유지할 수 있었고, 건강하게 일에 몰입할 수 있었다.

그렇게 술을 마시면 속이 상하지 않느냐고 반문하는 사람도 있다. 걱정이 많은 그들을 위해 최근 알게 된 놀라운 사실 하나를 소개한다. 6천 년 전 이집트에 세워진 한 피라미드에 이런 비문이 적혀 있다.

인간은 자신이 먹는 양의 4분의 1로 살고 있고, 나머지는 의사가 먹고 있다.

인간은 자신이 감당할 수도 없을 만큼 많은 음식을 먹고 있다. 비문이 말하고자 하는 것은 결국 과식으로 병이 생기고 의사는 그 덕에 먹고살고 있다는 뜻이다. 무려 6천 년 전부터 과식의 위험성을 인식하고 있었던 것이다. 건강에 관심이 있는 사람이라면, 일본 최고의 장수촌이었던 일본 오키나와 사람들에 대한 이야기를 들어 봤을 것이다. 그들의 장수 비결은 '적게 먹는 것'이었다. 하지만 놀랍게도 최근 이곳의 평균수명은 일본 내에서도 26위로 내려앉았다. 식생활의 변화 때문이었다. 미군 주둔 이후 패스트푸드 같은 고열량 음식이 유행하면서 그들의 수명도 짧아졌고 건강을 잃게 되었다.

　종교 사상가로 유명한 다석 유영모는 하루 한 끼 식사에 대해 충격적인 말을 남겼다.

　"하루 세끼 음식을 먹는 것은 짐승의 식사법이요, 두 끼를 먹는 것은 사람의 식사, 한 끼를 먹는 것은 신선의 식사법이다."

　그는 자신의 호(號)를 '세끼를 합쳐서 저녁을 먹는다'는 뜻에서 다석(多夕)으로 정했다. 그는 죽는 날까지 무려 40년 동안 하루 한 끼 식사를 지켰다. 그의 가르침을 받은 제자 문필가 함석헌과 김흥호 역시 평생 1일 1식을 실천했다.

　발상을 전환하자. 우리는 두 끼를 버리는 게 아니라, 두 끼를 버림으로써 온전한 한 끼를 얻게 되는 것이다. 그가 하루 한 끼 식사를 주장한 것은 건강을 위한 방법이기도 했지만 그로 인해 얻어지는 욕망의 무게를 덜어내는 법을 배울 수 있었기 때문이다. 모든 욕망을 한 곳으로 집중해서 얻어지는 몰입과 집중력으로 공부에 매진하고 싶다는 열망이 담겨 있는 것이다.

　실제로 내가 만난 삼성의 임원들은 식사를 하는 것에 큰 의미를 두지 않았다. 음식을 하찮게 보는 게 아니라, 반드시 하루에 세 끼를 제시간에 챙겨 먹어야 한다는 데 별 뜻이 없었다는 것이다. 그들은 대부분 하루에 두 끼를 먹었다. 세 끼를 먹는 임원은 10%도 되지 않았다.

　몇 년 전 한 기자가 윤종용 전 삼성전자 고문과 인터뷰를 하면서 곤란스러웠던 적이 있다. 그는 짧은 질문 하나를 던지면 30분 이상 답변했다. 결국 기자는 실례를 무릅쓰고 말을 자른 뒤 "질문이 많으니 짧게 대답해 주세요."라고 요청했다고 한다.

윤종용 전 고문은 워낙 다방면에 지식이 깊어서 웬만한 사람은 그가 하는 이야기의 50% 이상을 이해하지 못한다고 한다. 나서기 싫어하는 성격과 다르게 달변가였던 것이다. 그는 그동안 말을 못해서 하지 않은 것이 아니라, 말을 해야 할 자리와 분위기를 고려하여 말을 아낀 것이다. 이게 중요한 부분이다. 말은 누구나 할 수 있다. 하지만 말하고 싶은 욕망을 참는 것은 아무나 할 수 있는 것이 아니다. 자제와 절제를 극도로 단련한 사람만이 할 수 있는 최고의 능력이다.

나는 윤종용 전 삼성전자 고문을 비롯하여 삼성 임원들의 자제력과 체력이 식사에 별로 구애받지 않는 삶의 태도에서 나온다고 생각한다. 사실 열정을 갖고 일에 몰입하면 밥 먹을 생각조차 나지 않는다. 밥을 먹지 않아도 내가 하고 있는 일이 잘되거나 내가 하고 있는 일이 세상을 바꿀 것이라 생각하면 저절로 배가 부르다. 정말 배가 고프면 견과류 같이 간단하게 먹을 수 있는 것을 섭취하면 된다. 이는 식사를 하지 말라는 말이 아니라 굳이 한 상을 차릴 필요가 없다는 말이다.

그렇게 살면 나중에 고생한다고 말하고 싶은 사람도 있을 것이다. 걱정하지 말라. 대부분의 삼성 임원은 배가 나오지 않았고, 매년 받는 검진에서 누구보다 건강하다는 이야기를 듣고 있다.

나빠지고 있는 쪽은 오히려 그들에게 "먹고살자고 하는 일인데요."라고 말하며 함께 식사를 하자고 제안하는 사람들이다. 삼성의 임원들은 그런 말을 들을 때마다 안타깝다고 한다.

"직장에서 일을 하는 게 겨우 먹고살기 위함인가? 그렇다면 그 인생은 얼마나 초라하고 불쌍한 것인가."

　결국 삼성 임원들의 건강 관리법은 매일 한 시간 이상 가벼운 운동을 지속하고, 식사를 자제하고, 열심히 열정적으로 일하는 데 있었다. 중요한 것은 그러한 것을 오랫동안 지속했다는 것이다. 그것이 바로 삼성 임원들의 힘이다.

비약적인 성장을 위한 독서법

CHAPTER 2

책을 읽을수록 당신의 삶이 망가지는 이유

대부분의 독서가는 독서를 통해 오늘보다 아름다운 내일이 열릴 것이라 생각한다. 1년에 365권의 책을 읽었다는 사람들의 소식도 여기저기에서 들린다. 그들은 모든 삶의 본질은 인문학이라고 말하기도 한다. 그런데 과연 1년 365권 책 읽기를 실천한 그들의 삶은 어떨까? 생각보다 아름다워졌을까? 그들이 그렇게 좋아하는 인문학은 그들의 삶에 어떤 변화를 가져다주었을까?

몇 곳의 출판사에서 편집장을 하며 다양한 부류의 저자를 만난 내 경험으로 판단하면, 한국의 출판 현실은 이렇다.

- 다작으로 유명한 자기계발서 저자들의 작품 중 상당수는 대필 작가가 개입되어 있다.
- 삶의 본질을 전한다는 유명 인문학 저자들 역시 글을 잘 쓰지 못해 대필 작가를 고용하기도 한다.

문제는 이 대필 작가들이 자신의 삶에서 일가를 이룬 사람도 아니고,

인문학을 공부한 사람도 아니라는 사실이다. 그들은 그저 적당히 글을 쓰는 사람이다. 그들은 자신이 대필한 책을 구매하는 독자를 보며 한목소리로 이렇게 외친다.

"저런 책을 왜 살까?"

독서를 통해 온리 원으로 성장하고 싶다면, 여기 소개하는 세 가지 방법에 주목하라.

1. 모방_ 가장 쉽지만, 발전이 없다.
2. 경험_ 어렵기만 하고, 온리 원은 될 수 없다.
3. 사색_ 가장 어렵고 힘들지만, 온리 원이 될 수 있다.

유통업계의 독보적인 인물인 홈플러스 그룹의 이승한 회장은 성장을 갈망하는 젊은이들에게 이런 이야기를 들려주었다.

"자신을 위한 사색을 많이 하라고 권하고 싶습니다. 요즘 젊은이들은 '자기 것'에 대해서는 생각을 많이 하지만 '자신'에 대해서는 그렇지 못한 것 같습니다. '내 집, 내 차가 무엇이냐' 하는 생각은 유효기간이 짧습니다. 내가 누구이고, 어떤 사람이 되고 싶은지 깊게 생각하면 엉뚱한 길로 가지 않습니다."

우리는 성장하고 싶은 열망으로 독서를 하지만 사실 성장을 위해 우리가 선택해야 할 것은 사색이다. 끊임없는 사색을 통해 세상을 보는 눈을 길러야 한다. 사색을 통해 자신을 제대로 알게 되고, 세상을 보는 눈이 길러져야 비로소 책에서 다음의 세 가지를 발견할 수 있는 안목이 생긴다.

1. 책에 담겨 있는 작가의 영혼
2. 독자를 향한 작가의 사랑
3. 작가의 언행일치의 삶

책은 이 세 가지를 발견할 수 있는 안목이 생겼을 때 읽어야 한다. 그래야 작가의 영혼이 담긴 진짜 책을 골라 즐겁게 독서할 수 있다. 물론 처음부터 좋은 책을 고르는 것은 쉽지 않다. 많은 책을 만나 보는 것도 좋은 방법이다.

하지만 명심할 것이 있다. 아무 생각 없이 읽는 것이 아니라, 반드시 자신의 생각을 가지고 읽어야 한다. 그리고 또 한 가지 제안하자면, 작가를 직접 만나 보는 것이 좋다. 타계한 작가라면 불가능하겠지만, 살아 있는 작가라면 어떻게든 찾아가서 만나 보라. 아주 잠시라도 대화를 나눠 보고 작가의 눈빛과 느낌을 그대로 간직하라. 독서란 사람을 읽는 것이지 글자를 읽는 것이 아니다.

내 삶을 바꾸는 몰입 독서

'새벽 4시, 잠자리에서 일어나 거실로 나간다. 책장에서 읽고 싶은 책을 고른 뒤 우선 가볍게 살핀다. 그리고 책을 내려놓고 주변을 둘러본다. 어둠이 집안을 물들인 것이 느껴진다. 나는 가만히 앉아 집안을 채운 어둠의 미열을 느낀다. 그 순간 머릿속에서 미로처럼 복잡하게 꼬여 있던 생각들이 지워지고, 완벽한 내가 되는 놀라운 경험을 하게 된다. 이제 나는 황홀하고 경이로운 기분에 사로잡힌다. 이로써 책을 읽을 모든 준비가 끝났다. 나는 충분히 나 자신이 된 후에야 책상 앞에 앉는다. 그리고 스탠드 불빛에 의지해 책을 읽는다.'

삼성의 한 임원은 이렇듯 의식을 치르는 것처럼 책을 읽는다. 앉아서 책을 읽는다고 해서 그것을 독서라고 부를 수 없다. 그는 마음의 준비를 마치고, 온전히 책을 받아들일 준비가 끝났을 때 책장을 넘겨야 글자가 아닌 가슴이 담긴 책을 만날 수 있다고 생각한다.

그렇다면 이제의 우리 현실을 한 번 둘러보자.

- 시간이 없어서 밥은 굶어도 스마트폰은 사용하는 어른들
- 포털 사이트에서 검색의 힘을 빌리지 못하면 리포트를 한 줄도 쓰지 못하는 대학생들
- 게임에 빠져 하루 종일 몽롱한 상태에 있는 중학생들

당연히 이들은 하루 종일 어떤 생각도 하지 못한다. 그저 눈을 뜨고 눈을 감는 게 일상의 전부일 뿐이다. 그들은 무한한 능력이 가득한 머리를 사용하지 않고, 손가락만 있으면 사는 데 아무런 불편이 없는 삶을 살고 있다.

학창 시절에 책상 앞에는 오래 앉아 있는데 공부한 만큼 성적이 오르지 않는 친구를 본 적이 있을 것이다. 고백하자면, 나 역시 그랬다. 생각을 가지고 공부에 몰입하는 게 아니라, 그저 문제집 풀기에만 집중했기 때문에 그런 결과가 나오는 것이다. 그런 사람은 기계적으로 생각했기 때문에 문제를 조금만 변형시켜도 혼란스러워 한다. 어떤 일이든 그 일의 원칙을

모르는 사람은 변칙을 이해할 수도, 만들어 낼 수도 없다. 원칙을 이해한 뒤 변형하려면 기계가 아닌 생각하는 인간이 되어야 한다.

내 말을 믿고 당신의 인생에서 일주일만 투자하라. 딱 일주일만 의식적으로 스마트폰을 멀리 두고 살아보라. 휴대폰을 반드시 사용해야 하는 택배 기사나 영업자들은 쉽지 않겠지만 일반 직장인들은 도전해 볼 만하다. 우리에게는 1초를 다툴 만큼 급박한 일이 생각만큼 자주 일어나지 않는다. 간혹 휴대폰을 두고 출근했다가 집에 돌아가 액정을 확인했는데 전화나 문자 메시지가 한 통도 오지 않아 허탈감을 느꼈던 경험을 해 본 사람도 있을 것이다.

휴대폰을 일주일만 멀리하면 그 생활에 조금씩 적응되면서 변화가 찾아오기 시작할 것이다. 정보 홍수에 푹 빠져 정신없이 살던 시간에서 벗어나 모처럼 책도 읽고 좋은 글을 메모하기도 하면서 좀 더 깊은 사색의 시간을 가져 볼 수 있다. 조금은 답답하다고 생각할 수도 있지만 무분별한 정보로부터 단절된 덕분에 일주일 후면 당신에게 이런 변화가 일어날 것이다.

- 깨어 있는 대부분의 시간 동안 나타났던 인지 단절 상태가 사라질 것이다. 단 일 분도 멍하게 보내지 않을 것이다. 늘 생각하고 행동하고 생각하는 것을 반복하며 새로운 것을 만들어 낼 것이다.

- 집중력이 높은 논리적인 사색가로 변신할 것이다. 몇 시간씩 집중해서 책을 읽을 만큼 집중력이 높아지고, 자신도 모르는 분야의 전문가들과 대화를 이어 갈 수 있을 만큼 낯선 환경에 잘 적응하는 사람으로 성장할 것이다.

이런 놀라운 변화를 굳이 거부할 필요는 없지 않은가. 그것도 당신의 인생에서 딱 일주일만 투자하면 얻게 되는 결과인데, 무엇을 망설이는가. 일주일만 투자해 보라. 당신의 남은 삶이 달라질 것이다.

글자를 읽지 말고 생각을 읽어라

꽤 많은 직장인이 이런 고민을 가지고 살아간다.

- 나는 왜 일을 하는가?
- 왜 열심히 살아야 하는가?
- 왜 물질적으로 풍족한 것이 행복한 삶인가?

이런 고민을 가지고 있는 사람들은 크게 두 분류로 나뉜다. 한 분류는 끊임없이 그 고민을 가지고 산다. 그들은 단 한순간도 고민을 버리지 못한다. 심지어는 그런 본질적인 고민을 안고 살아가는 자신이 꽤 의식 있는 사람이라는 착각, 그저 별 생각 없이 일하는 사람보다 우월한 삶을 살고 있다는 착각에 빠져 있다. 하지만 그런 사람들은 시간이 흐를수록 비현실적인 사람, 현실에 낙오된 사람이 될 가능성이 크다.

물론 본질적인 고민도 필요하다. 그것이 삶을 완성해 나가는 중요한 역할을 한다는 것은 인정한다. 하지만 고민이 삶을 방해해서는 곤란하다. 고민은 우리 삶의 일부가 되어야지 전부가 되어서는 안 된다. 그것이 인생의 전부가 된 사람은 아무리 값진 고민을 하고 있다고 해도 아무 생각

없이 살아가는 사람보다 못한 인생을 살 가능성이 크다. 그렇다면 그들은 왜 그런 고민들을 10년 혹은 죽는 날까지 끌어안은 채 현실에서 낙오된 삶을 살게 되는 것일까. 바로 다음과 같은 이유 때문이다.

- 제대로 책을 읽지 못했기 때문에
- 제대로 사색하지 못했기 때문에
- 제대로 행동하지 못했기 때문에

매우 간단하지만 정말 비극적인 것은 제대로 책을 읽지 못하면 제대로 사색하지 못하고, 제대로 사색하지 못하면 제대로 행동할 기회를 놓치게 된다는 것이다. 제대로 책을 읽어야 제대로 사색할 수 있는 힘이 길러지고, 행동을 통해 삶의 고민들을 풀어 나갈 수 있다. 하지만 90% 이상의 사람이 이와 같은 것을 제대로 하지 못하고 있다. 그래서 이 세상에 자신의 삶을 걱정하는 사람과 비현실적인 사람이 가득한 것이다.

반면 삼성의 임원들은 지극히 현실적이다. 그들의 현실적인 감각은 경험에서 비롯한 것이기도 하지만, 독서를 통해 만들어지기도 했다. 그들은 조금 독특한 방법으로 책을 읽는다. 몇 가지 소개한다.

1. 깨달음을 얻을 때까지 반복해서 읽어라

자신의 분야에서 스스로 하나의 브랜드가 될 만큼 개인의 핵심 역량을 키우기 위해서는 본질을 터득할 때까지 전공 분야의 책을 반복해서 읽는 것이 좋다. 막막했던 기분이 한순간 폭죽이 터지듯 반짝일 때까지 읽어야 한다.

그 순간을 경험하지 못하면 진짜 독서가 아니다. 그렇게 책을 읽어야 누구와도 자유롭게 의견을 교환할 수 있는 자신만의 식견을 확보할 수 있다. 같은 책을 일주일이나 읽었는데, 아무런 깨달음도 느낄 수 없다고 하소연하는 독자가 많다. 나는 그들에게 "일주일만 읽으니 깨달음이 없죠. 한 달 내내 그 책만 읽어 보세요!"라고 조언한다. 삼성의 임원들은 자신이 읽는 책에서 깨달음을 느끼지 못하면 이동하는 자동차 안에서라도 책을 읽으며 최대한 많은 시간을 독서에 투자한다.

2. 완벽한 믿음과 간절한 바람으로 읽어라

많은 사람이 감성적인 시와 소설을 읽을 때 눈물을 흘린 적이 있다고 말한다. 마찬가지로 자기계발서를 읽으면서 눈물을 흘리는 사람도 많다. '도대체 왜 자기계발서를 읽으면서 눈물을 흘리지?'라고 생각하는 사람도 있을 것이다. 하지만 내 생각은 다르다. 자기계발서를 읽으며 흘리는 눈물은 진짜 간절한 바람으로 책을 읽고 있다는 증거이다. 힘들고, 고통받고, 아프고, 세상에 혼자 살고 있는 것처럼 외롭지만 내 안에 견뎌 내고자 하는 의지가 있기 때문에, 한 걸음 더 나아가고자 하는 강렬한 열망이 있기 때문에 책을 읽으며 눈물을 흘리는 것이다. 그런 사람은 반드시 책에서 답을 찾아낸다. 일단 책을 선택했다면, 자신의 선택에 확신을 가져야 한다. 사장이 직원을 채용하면 의심하지 말고 그에게 일을 맡겨야 하듯, 책도 마찬가지이다. 책에 대한 의심을 버리고 그 책 자체에 대한 확신을 가지고 작가를 존경하는 마음으로 읽어야 한다. 책은 그런 마음으로 독서하는 사람에게만 답을 제시해 준다.

3. 자신의 방법을 만들라

"도저히 책을 읽을 시간이 없어요."라고 말하는 사람이 많다. 그럴 때면 나는 "잠을 줄이고 독서를 하라."고 말한다. 삼성의 임원들은 독서할 시간이 없으면 가장 먼저 잠을 줄인다. 새벽 6시에 일어나도 독서할 시간이 부족하다면 시간을 당겨 새벽 5시에 일어난다. 한 임원은 차에서 책을 보면 어지러움이 느껴져 가끔은 책을 읽기 위한 목적으로 지하철을 이용한다. 그들은 각자 자신만의 독서법을 만들어 효율적으로, 최대한 많은 책을 읽는다. 시간을 최대한 짜고 짜서 독서에 투자하는 사람들에게는 저절로 자신의 특별한 독서법이 생기게 된다. 환경과 시간이 없다고 불평하지 말고, 최대한 많은 시간을 독서에 투자해 보라. 당신만의 효율적인 방법이 생길 것이다.

4. 신토피컬(Syntopical) 독서를 하라

신토피컬 독서는 한 주제로 몇 권의 책을 연관 지어 읽는 것으로, 이는 새로운 결론을 이끌어 내며 문제 해결에 도움을 주는 독서법이다. 일단 하나의 주제를 잡아 보자. 예를 들어 '19세기의 유럽'이라는 주제를 잡았다면, 그에 대한 책을 차례로 읽으며 한 주제에 대해 최대한 다면적인 접근을 시도하는 것이다. 이 과정을 통해 어떤 책에서 놓친 정보를 다른 책에서 얻을 수 있고, 최대한 올바른 정보를 알 수 있다. 또한 작가가 서로 다른 서술 방식으로 책을 쓰는 것을 보며, 글을 쓰는 다양한 방법에 대해서도 경험할 수 있다. 물론 최고의 이점은 이것과 저것을 연결해 나만의 지식을 창조해 낼 수 있는 힘을 기른다는 점이다. 신토피컬 독서를 통해 우리는 어떠한 주제에 대해 2종 이상의 책을 섭렵함으로써 그 주제에 대한 개념을 심층적으로 이해할 수 있는 아주 놀라운 능력을 얻을 수 있다. 어떠한 주제에 대해 한 권의 책만 읽으면 올바른 관점을 가질 수 없을 가능성이 크다. 하지만 동일 주제에서 다양한 책을 읽음으로써 다른 사람이 가지지 못한 관점을 가질 수 있다. 삼성의 임원들은 모두 자신의 전공 분야에서 일을 하는 것이 아니다. 그럼에도 불구하고 최고의 성과를 낼 수 있는 본질적인 이유는 신토피컬 독서의 힘이 크게 작용했기 때문이다.

삼성의 임원들은 항상 독서의 중요성을 강조한다. 읽은 책의 권 수를 늘리는 것은 아무 의미가 없다. 그들은 책에 쓰인 글자를 읽는 것이 아니라 작가의 생각을 읽으라고 주문한다. 다른 기업 임원들과 비교해 보았을 때, 삼성의 임원들은 유난히 책을 많이 집필한다. 그중 다수의 책이 베스트셀러가 되기도 했다. 그들이 집필한 책을 보면 분야도 매우 다양하다. 이는 열정만으로 가능한 차원이 아니다. 만약 그들이 작가의 글을 읽는 데 그쳤다면, 정작 자신의 글을 창작해 내지 못했을 것이다. 가슴으로 작가의 글을 받아들였기 때문에 읽은 글을 흡수해 자신만의 언어로 표현할 수 있었던 것이다.

눈이 아니라 가슴으로 안은 책은 절대 사라지지 않는다. 글이 아니라 작가가 전하고자 하는 그 마음을 느껴야 한다. 문장 하나보다 '가슴에 와 닿는 느낌'을 즐기는 독서가 당신의 내일을 바꿀 수 있다.

독서는 사색으로 이어져야 한다

　　많은 책을 읽는 것은 참 좋다. 하지만 사색이 빠진 독서는 쓸모가 없다. 그저 시간을 낭비하는 것과 마찬가지이다. 책에서의 느낌과 경험을 사장시키지 않기 위해 독서는 반드시 사색으로 이어져야 한다. 읽는 사람에 따라 책은 찬란하게 빛나는 태양일 수도, 꺼져 가는 불빛일 수도 있다. 하지만 사색하는 사람이라면 적어도 어떤 책을 읽든 그 책이 자신의 삶에서 빛나는 태양이 되도록 만들 수 있다. 그들은 '이 세상에 좋은 책은 없다. 다른 책이 있을 뿐이다'라는 사실을 잘 알고 있다. 사람은 각자 자신의 빛을 가지고 있는데, 책을 읽는 사람에 따라 밝기가 결정되기 때문이다.

　삼성의 임원들은 독서에서 얻은 지식을 사장시키지 않고, 사색을 통해 경영에 적극적으로 활용하고 있다. 그들이 가장 자주 사용하는 방법은 자신이 읽은 책의 내용을 정리해서 정기적으로 직원에게 이메일로 보내는 것이다. 책 속 내용을 직원들에게 이메일로 보내기 위해 더욱더 깊은 사색에 빠질 수밖에 없다. 사색이 습관이 될 때까지 이렇게 강제적으로 사색에 빠질 수밖에 없는 환경을 만드는 것도 좋다. 삼성의 임원들은 이 방법을 활용하여 다음의 능력을 갖추게 되었다.

1. 그들은 자신이 읽은 내용을 '어떤 방식으로 해석하면 직원들에게 도움이 될 수 있는 글로 풀어낼 수 있을까?'를 끊임없이 고민하여 작가의 생각을 넘어 자신의 생각을 갖게 되었다. 책을 읽고 그 내용을 정리하는 데 그치지 않고, 자신의 의견도 첨가할 수 있게 된 것이다.

2. 조금 더 심화시켜 '이 책의 내용을 조금 다른 각도로 해석하면 어떨까?' 라는 고민을 한다. 문과적인 관점에서 해석된 글을 그들의 사업에 맞는 이과적인 관점으로 해석해 보는 단계에 이르기도 한다.

직원들에게 이메일을 보내기 위해 반드시 이런 독서 단계를 거칠 수밖에 없다. 그들은 사색이 없는 독서는 시간 낭비라는 것을 잘 알기 때문에 스스로 사색하는 독서를 하기 위해 자신을 이런 상황에 빠뜨린 것이다. 이런 이메일을 임원들만 보내라는 법은 없다. 우리도 충분히 직장 동료에게 혹은 가족에게 혹은 친구에게 자신이 읽은 책에 대한 감상과 느낌을 정리해서 보낼 수 있다.

삼성의 한 임원은 피해야 할 책에 대해 이렇게 말했다.

"유명인의 말을 많이 인용한 책은 피하는 편입니다. 종종 자신이 어느 정도의 경지에 올랐다고 착각하는 작가들이 있는데, 그들은 꼭 유명인의 말을 인용하더군요. 자신의 생각과 일치하는 부분이나 자신이 주장하는 이론을 내세울 땐 언제나 유명인의 말을 인용하지만, 직접 만나 대화를 나눠 보면 자신의 주장조차 제대로 파악하지 못하고 있는 경우가 많더라고요."

나는 그의 말에 전적으로 동감한다. 가톨릭의 전통에서 7가지 대죄라고 여기는 것 중에 첫 번째가 바로 '자만'이다. 이는 당신이 어느 자리에서 어느 경지에 올랐든지 절대로 잊어서는 안 될 단어이다. 베스트셀러를 출간한 작가들이 후속작에서 실패하는 경우가 있는데, 그 이유 역시 마찬가지이다. 이제 자신은 어떤 책을 내도 베스트셀러가 될 것이라는 자만에 빠져 독자들에 대한 사랑이 아닌 머리로만 글을 쓴 결과이다.

머리보다는 가슴으로 쓴 책을 읽어야 한다. 전주가 흐르자마자 저절로 눈을 감게 만드는 음악이 있다. 마찬가지로 책장을 넘기자마자 저절로 가슴 뛰게 만드는 책이 있다. 모두 머리가 아닌 가슴으로 음악을, 문장을 만든 것이다. 머리로 만든 음악과 책을 접한 사람은 '아, 정말 별로야. 돈 아까워 죽겠네.'라는 반응을 보인다. 하지만 가슴으로 만든 음악과 책을 접한 사람은 이런 반응을 보인다.

'이 책, 이 음악! 읽을수록, 들을수록 가슴이 두근거려.'

독서의 힘을 최고로 끌어올리는 완벽한 필사법

많은 작가가 책을 제대로 이해하려면 필사를 하라고 말한다. 필사, 물론 좋다. 하지만 단순하게 필사하는 것은 무책임한 행동이다. 정성을 다해, 마음을 다해 필사하라고 하는데, 그것도 좀 애매하다. 정성을 다한다는 것이 도대체 어떤 의미일까?

생각해 보라. 책을 한 번 읽는 것과 필사를 한 번 하는 것! 도대체 뭐가 다를까? 어차피 책을 처음부터 끝까지 한 번 읽는 것은 같다. 필사를 하면 물론 조금 더 많은 시간이 필요하다. 문제는 여기에 있다. 어차피 같은 책을 한 번 읽는 것인데, 필사는 쓸데없이 시간을 더 낭비하게 된다. 물론 필사는 중요하지만 무턱대고 필사하는 것은 권하지 않는다. 아무것도 얻는 것 없이 시간만 낭비하는 것은 어리석은 행동이다. 완벽한 필사를 원한다면 반드시 거쳐야 할 단계가 있다.

1. 작가에 대한 조사

도서관에서 책을 찾아보든, 인터넷을 활용하든 모든 방법을 동원해 작가가 어떤 삶을 살았는지, 어떤 환경에서 어떤 생각을 하며 성장했는지 알아보는 것이 좋다. 책은 단지 문장을 읽는 게 아니라 작가의 삶을 읽는 것이기도 하기 때문이다. 그동안 당신이 읽었던 책의 작가 이름을 떠올려 보라. 100권을 읽었으면 100명의 작가 이름이 떠올라야 하는데, 그렇지 못한 것이 현실이다. 이것이 제목에 혹해서 혹은 베스트셀러라서 책을 산 사람들의 특징이다. 그들은 작가에 대해서는 아무 관심이 없다. 제목이 좋아서, 베스트셀러이기 때문에 책을 사는 게 아니라 내가 믿는 작가니까 책을 사야 한다. 무슨 일이든지 첫 단계가 중요하다. 독자들이 가장 많이 실수하는 것이 바로 첫 단계이다. 작가에 대한 아무런 이해 없이 책을 읽는 독자가 많다. 소설이든 전문 서적이든 마찬가지이다. 작가의 삶과 생각은 반드시 책에 투영되게 마련이다. 따라서 독서 이전에 작가를 먼저 파악하는 것이 필요하다.

2. 숙성 과정

요리할 때 더 깊은 맛을 내기 위해 식재료를 숙성시키는 경우가 있다. 독서는 생물이다. 하지만 받아들이는 사람에 따라 살아 숨 쉴 수도, 죽어 있을 수도 있다. 따라서 요리보다 더욱더 신중한 숙성의 단계가 필요하다. 책을 한 번 읽고 모든 내용을 이해하기란 쉽지 않다. 책 한 권을 최소한 열 번 정도는 읽어야 한다. 물론 속독이 아닌 정독으로! 어느 부분에 어떤 내용의 문장이 적혀 있는지 감이 올 때까지 읽어야 한다. 그래야 비로소 책의 전체적인 구성과 내용을 자신의 것으로 만들 수 있다.

3. 필사

앞서 제시한 2단계까지 완벽하게 수행하지 않았다면 절대 필사를 시작하면 안 된다. 아무 준비 없이 필사를 해서 얻을 수 있는 것은 시간 낭비와 아픈 팔뿐이다. 필사의 목적을 분명히 정해야 한다. 필사를 통해 내가 얻고 싶은 것이 무엇인지 정해 두어야 한다. 이를 테면, 책을 통해 자신의 진로를 발견하고 싶은 것인지, 외국어 학습법을 발견하고 싶은 것인지 등의 명확한 목표를 설정해야 한다. 이때 명심할 것이 있다. 외국어 학습법을 발견하고 싶다고 해서 반드시 그 분야에 대한 책을 읽을 필요는 없다. 철학자들을 보면 대부분 3~5개 국어를 구사한다. 그들의 삶과 생활 방식을 통해 그들이 어떤 방법으로 외국어를 쉽게 익혔는지 추측할 수 있다. 그들이 쓴 자서전이나 문학작품을 통해서도 충분히 외국어 학습법을 배울 수 있다. 그것이 바로 목적이 있는 필사의 힘이다. 그냥 쓰여 있는 글자 그대로를 눈으로 보고 손으로 쓰는 것이 필사가 아니다. 다시 한 번 말하지만 아무 생각 없이 읽으면 아무 소용이 없다. 반드시 확실한 목적을 가지고 필사하라.

위의 3단계까지 거치는 데 보통 한 달 정도 걸린다. 오랜 시간이 걸리지만, 설익은 밥은 소화되지 않는다는 사실을 기억하라. 설익은 필사는 소화되지 않고 당신의 머리를 망쳐 놓을 뿐이다. 자신은 아무런 발전이 없는데 그저 많이 읽고 필사했다는 사실에 자만심에 빠질 수 있다. 나는 필사하고 싶은 책이 있으면 반드시 위의 단계를 거친다.

여기서 끝이 아니다. 이제 가장 중요한 마무리가 남아 있다. 우리는 왜 필사를 하는가? 작가의 생각을 제대로 읽기 위함이다. 하지만 결국 그것도 남의 생각일 뿐이다. 정말 중요한 것은 필사를 하며 섹션별로 자신의 생각을 적는 일이다. 필사를 마쳤으면 다시 처음부터 읽으며 학창 시절에 노트를 정리했던 것처럼 비어 있는 공간에 자신의 생각을 적어라. 아무리 필사를 열심히 했다고 해도 자신의 생각이 없으면 그것은 결국 남의 생각일 뿐이다. 필사의 목적은 당신의 생각을 갖게 만드는 일임을 명심하라. 남의 생각을 적는 데만 혼신의 힘을 쓰지 말라. 필사한 노트보다 당신의 생각으로 만든 한 문장이 더 소중한 것임을 명심하라.

독서는 세상을 바꾸려는 강력한 열망이다

트렌드를 포착하기 위해 포털 사이트의 실시간 검색어 순위에 오른 단어를 보곤 하는데, 연예인들 신변잡기와 관련된 것이 왜 그렇게 많은지 참 한심하다는 생각이 들 때가 많다. 연예인이 결혼을 하면 그들이 입은 옷은 어느 회사의 제품인지, 주고받은 예물은 어떤 것인지가 검색어에 오른다. 대체 왜 그런 것들이 그렇게도 궁금한 것일까?

문제는 10대와 20대만이 순위에 영향을 주는 것이 아니라는 점이다. 검색어 순위에 오르려면 10대, 20대 만의 관심만으로는 힘들다. 중·장년층의 관심도 한몫했다는 것이다.

이러한 것들보다《죄와 벌》,《젊은 베르테르의 슬픔》과 같은 좋은 책의 제목과 괴테, 이순신, 도스토예프스키와 같은 거장들의 이름이 검색어 순위에 오르면 어떨까? 세상이 조금 더 아름다워지지 않을까? 이런 것들이 검색어 순위에 오르는 나라는 얼마나 큰 힘을 갖게 될까?

밸런타인데이의 기원을 로마의 성밸런타인(St. Valentine)에서 시작된 것이라 알고 있는 사람이 많다. 당시 로마의 황제인 클라디우스는 청년들을 군대로 끌어들이고자 결혼 금지령을 내렸는데, 사제인 밸런타인이 이를 반대하고 서로 사랑하는 젊은이들을 결혼시켜 준 죄로 A.D. 269년 2월 14일에 순교했다. 그는 당시 간수의 딸에게 'love from Valentine'이라는 편지를 남겼고, 이를 통해 밸런타인데이에 사랑을 전하는 풍습이 생겼다는 것이다.

하지만 이는 사실이 아니다. 밸런타인데이는 경영난으로 폐업의 위기에 놓인 일본의 한 초콜릿 회사에서 회사를 살릴 마케팅의 한 방법으로 만들어 낸 이벤트이다. 이것이 서구로 번지면서 그들의 문화에 맞게 각색되고 다듬어져 오늘날의 밸런타인데이가 된 것이다. 또한 화이트데이는 전 세계에서 유일하게 한국과 일본에만 있는 기념일이다. 사실 화이트데이는 밸런타인데이 때 팔지 못한 재고를 팔기 위해 만든 날이다.

하지만 안타깝게도 2월 14일에 한국인이라면 반드시 기억해야 할 사람은 잊혀졌다. 2월 14일은 안중근 의사의 사형 선고일이다. 많은 사람이 이용하는 포털 사이트에 초콜릿에 대한 이야기는 있어도, 안중근 의사에 대한 이야기는 눈에 띄지 않는다. 안중근 의사가 일본인에게 사형 선고를 받은 굴욕적인 날에 우리는 어이없게도 일본인이 상술로 만든 밸런타인데이를 즐기고 있는 셈이다.

내가 가장 존경하는 위인은 안중근 의사이다. 그는 진정한 독서가란 어떤 식으로 생각하고 행동해야 하는지 분명히 알려 주었다. 안중근 의사는 자신이 읽은 책을 통해 의를 지키고 나라를 사랑하고 효도를 실천하는 길을 찾았다.

 1905년에 을사조약이 체결되는 것을 보고 독립운동에 투신한 그는 1909년 10월, 하얼빈 역에서 이토 히로부미를 사살하고 하얼빈 총영사 가와카미 도시히코와 비서관 모리 타이지로에게 중상을 입히고 태극기를 꺼내 "대한민국 만세!"를 외치다 현장에서 체포되었다. 중요한 것은 그는 잡히면 무조건 사형이라는 사실을 알면서도 도망가지 않았다는 사실이다. 오히려 그는 누구나 자신을 알아볼 수 있게 아주 큰소리로 이렇게 외쳤다.

 "대한민국 만세!"

 안중근 의사의 곧은 삶의 원칙은 형장을 지키던 일본인 간수들의 마음도 움직여 그를 존경하게 만들었다. 그가 죽는 것을 안타까워했던 간수들은 안중근 의사가 도망갈 수 있도록 일부러 여러 차례 자리를 비우기도 했지만, 그는 끝내 도망가지 않음으로써 죽음과도 바꾸지 않는 삶의 원칙을 그들에게 보여 주었다.

 사형장에 출발하기 전 안중근 의사를 존경하던 한 일본인 간수는 그에게 한 말씀 듣고 싶다고 말했다. 안중근 의사는 자신의 옷을 찢어 '나라를 위해 몸을 바치는 것은 군인의 본분이다'라는 뜻의 '爲國獻身 軍人本分(위국헌신 군인본분)'이라는 글을 써 주었다. 간수와 그의 부인은 안중근 의사의 유묵을 소중히 간직하고 치성을 올려 공양했다. 마음 깊은 곳에서 존경하지 않으면 할 수 없는 정성을 쏟은 것이다. 이렇게 그의 삶의 원칙은 가장 미워해야 할 사람을 가장 사랑하게 만들었다.

 사형 직전, 사형 집행인이 그에게 물었다.

"죽기 전에 소원이 있으면 말하라!"

그러자 안중근 의사는 조금의 망설임도 없이 이렇게 말했다.

"5분만 시간을 주십시오. 책을 다 읽지 못했습니다."

보통 집행인이 마지막 소원을 말하라고 하면, 대부분의 사형수는 벌벌 떨면서 아무 말도 하지 못하거나 살려 달라고 애원하거나 담배나 음식 등 평소 자신이 좋아하는 것을 즐기고 싶다고 부탁한다. 하지만 그는 5분간 책을 읽은 뒤 집행인에게 "고맙다."라는 말을 남기고 세상을 떠났다.

그는 진정한 독서가이다. 독서는 어떤 목적이 있거나 시간이 날 때 하는 게 아니라 숨 쉬듯 해야 하는 것이다. 누군가 코와 입을 막아 숨을 쉬지 못하게 만들 때, 어떻게든 숨을 쉬겠다는 강렬한 의지가 생긴다. 독서란 그런 강렬한 의지로 하는 것이다. 죽는 날까지 책을 읽고 싶다고 말한 안중근 의사처럼 말이다. 그는 "하루라도 책을 읽지 않으면 입 안에 가시가 돋친다."라고 말했다. 독서에 대한 그의 열망이 얼마나 큰지 짐작할 수 있을 것이다.

프랑스의 사상가인 장 폴 사르트르는 이렇게 말했다.

"지식인이란 남의 일에 참견하는 사람이다. 정의와 자유, 선과 진실, 인류 보편적 가치가 유린당하면 남의 일이라도 자신의 일로 간주하고, 간섭하고 투쟁하는 사람이다."

나는 이런 부분에서 안중근 의사가 진정한 지식인이었다고 생각한다. 독서란 단순히 나를 위해서 하는 게 아니다. 그는 사형선고를 받고도 당당히 이렇게 외쳤다.

"나는 단순히 대한민국의 독립을 위해 그를 쏜 것이 아니라 일본을 위해서, 세계의 평화를 위해서 그를 쏘았다. 나는 내 행동이 전혀 부끄럽지 않고, 후회하지 않는다."

동시대를 살아가고 있는 한 사람을 소개한다. 그는 국가경제위원회 의장을 역임한 로렌스 서머스 전 하버드대 총장, 민주당 대통령 후보였던 존 케리 상원의원, 수잔 라이스 유엔주재 미국대사와 함께 세계은행의 총재 자리를 두고 경쟁을 한 사람이다. 세계은행의 총재 자리가 워낙 중책이다 보니 후보로 나온 사람들의 면모가 쟁쟁했다. 그런데 놀랍게도 앞서 거론한 이들은 모두 떨어졌다. 세계은행 총재 자리는 사상 최초로 동양인에게 돌아갔다. 기적적인 결과를 만든 사람은 바로 김용 총재이다.

미국인도 아닌 그가 미국 사회에서 이렇게 성장할 수 있었던 요인은 무엇일까? 답은 부모의 가치관 교육에 있었다. 그의 부모는 어린 김용에게 마틴 루터 킹 목사의 연설을 읽어 주며 우리가 이 사회와 세계에 대한 책임이 있다고 교육했다. 우등생을 만들기 위해 공부를 시킨 것이 아니라, 사회를 책임지는 사람을 만들기 위해 교육한 것이다.

그는 편안한 엘리트의 길을 걸을 수 있었지만 스스로 그 길을 박차고 나왔다. '세상의 불평등을 없애고 사회 정의를 위해 일하는 사람이 되자.'고 결심한 그는 의사이자 인류학 박사의 길을 택했다. 의학을 공부하며 자신의 의료 기술을 어디에 사용할 것인가를 생각했다. 그리고 생각을 실천에 옮겨 가난하고 아픈 사람이 많은 나라를 찾아다니며 치열하게 봉사했다. 그가 세계은행 총재가 될 수 있었던 가장 큰 이유는 실력도 있겠지만, '세계를 위해 무언가를 하겠다는 따뜻한 마음'이 있었기 때문이다.

2006년 제8대 유엔 사무총장으로 선출되어 현재 재임까지 하며 한국의 위상을 드높이고 있는 반기문 유엔사무총장 역시 마찬가지이다. 그는 평화와 도움이 필요한 곳이라면 어디든 가리지 않고 방문하여 연설과 대화를 통해 일을 해결하고자 앞장서고 있다. 그가 재임까지 할 수 있었던 가장 큰 힘은 사람들과 고통을 나누고 진심으로 그들의 마음을 감동시키는 데 있었다.

이처럼 지금 한국에도 안중근 의사와 같은 마음으로 독서를 하고 세계를 위해 일하는 사람이 많다. 김용 세계은행 총재과 반기문 유엔 사무총장이 안중근 의사처럼 일제강점기에 태어났다면, 그들은 분명 독립군이 되어 세계 평화를 위해 자신의 목숨을 던졌을 것이다.

분명히 말하지만 김용 총재와 반기문 총장에 대한 책을 읽으며 그들의 공부법을 알아내려고 하는 독서는 시시하고 의미 없는 일이다. 그들이 재미없는 공부를 그렇게 열심히 했던 이유는 더 많은 지식을 쌓아 빨리 세계 평화를 위해 무언가를 하고 싶다는 강한 열망 때문이었다. 그들이 얼마나 진심으로 이 세상을 사랑하는지 그 마음의 깊이를 느껴야 한다. 그 마음 하나만 알면 당신은 어제와 다른 인생을 살게 될 것이다.

우리는 모두 '나라를 위해 열심히 일하는 사람', '세계 평화를 위해 무언가를 할 수 있는 사람'이 되겠다는 목표로 독서를 해야 한다. 위대한 사람은 위대한 독서를 한다. 그리고 위대한 꿈을 꾼다. 결코 자신의 안위를 위한 시시한 독서를 하지 않는다. 또한 제대로 된 독서를 하면 그 과정에서 가치관이 달라져 시시한 독서를 하다가도 위대한 독서를 하게 된다. 아무리 읽어도 시시한 독서 수준에 머무는 사람은 책을 손에 잡고 가슴이 아닌 눈으로만 읽기 때문이다.

　사람이 해야 할 일과 기업이 해야 할 일은 따로 있다. 안중근 의사와 김용 총재, 반기문 사무총장이 세상을 바꾸기 위한 독서를 하며 세계 평화를 위해 일했다면, 제품으로 승부해야 하는 기업인 삼성전자는 빠르게 변화하는 세상을 선도하기 위해 수많은 특허를 냈다. 세계에 한국의 위대함을 알리는 일을 한 것이다.

　유럽 특허청(EPO)에 따르면 삼성전자는 2012년에 2,289건의 특허를 출원하여 독일의 지멘스와 바스프사 등을 제치고 특허출원에서 세계 1위를 차지했다. 주목할 것은 삼성과 특허 분쟁을 벌이고 있는 애플은 유럽에서 고전을 면치 못하고 있다는 사실이다. 애플은 2012년에 371건의 특허출원으로 50위에 올라 삼성전자와 큰 차이를 보였다.

　삼성전자가 이런 성과를 거둔 이유는 연구 개발 활동에 주력한 것도 있겠지만, 2년마다 초고속 승진을 이어 온 삼성전자의 한 임원은 이렇게 말했다.

　"빠르게 변화하는 세상의 간극을 좁히고, 새로운 것을 만들어 내기 위해서는 독서가 최선이다."

　일단 조직을 관리하는 경영자 입장에서 책은 비즈니스와 조직 관리의 필수품이다. 하지만 독서의 가장 본질적인 장점은 복잡한 현대를 살아가는 사람들을 이해할 수 있게 만들어 준다는 사실이다. 결국 모든 것의 중심은 사람이다. 세상을 바꿀 창조적인 아이디어 역시 사람을 위한 것이기 때문이다. 이 모든 것을 얻기 위해 독서만큼 효율적인 방법은 없다.

　그렇다면 제때 식사하는 것조차 힘들 정도로 바쁘게 살아가는 이들이 언제 독서를 하는 것일까. 일단 그들은 "독서는 강요가 아니다."라고 말했다. 그리고 이렇게 덧붙였다.

"입사 전에는 대부분 비슷한 조건이다. 비슷한 스펙을 가진 사람을 뽑은 것이니까. 하지만 독서를 하는 사람과 하지 않는 사람은 몇 년 후부터 가는 길이 달라진다. 독서는 습관이 되어야 한다. 밥 먹듯이, 잠자듯이 몸에 배어 무의식적으로 해야 한다. 시간이 없다고? 습관이 되면 가방 속에 늘 책이 있게 된다. 화장실에도, 잠자리 머리맡에도 책을 두게 된다. 대부분의 삼성 임원은 집중해서 한두 시간씩 독서할 기회가 별로 없다. 그래도 일 년에 반드시 100권 이상의 책을 읽는다."

나는 더욱 궁금해졌다. 대체 열정을 다해 책을 읽어야겠다는 그 마음은 어디에서 나오는 것일까? 한 임원은 내게 이렇게 말해 주었다.

"목표는 단 하나, 세상을 바꾸기 위해 읽는다. 일본이 점령한 가전 시장을 한국의 삼성전자가 탈환하는 모습을 보고 싶다. 전 세계에 삼성의 제품을 소개하고 싶다. 세상을 바꾸고 싶다는 그 간절한 목표가 독서를 노동이 아닌 즐거움으로 만들어 준다."

독서의 목표가 다르고, 마음자세가 다른 것이다. 독서를 통해 조금 더 성장한 나를 만나고 싶다면, 일단 내가 아닌 회사를 위해 그리고 나라와 세계를 바꾸겠다는 생각으로 책을 펼쳐야 한다. 그런 마음으로 독서를 한다면, 그 어떤 사람도 더 이상 시간이 없다는 핑계를 대지 못할 것이다.

CHAPTER
3

사색가의
심장과 눈을 가져라

CHAPTER 3

당신은 생각하고 있는가

다양한 설문조사를 살펴보면, 우리나라 직장인이 출퇴근으로 소비하는 시간은 1시간 40분 정도이고, 70% 이상이 버스나 지하철 등 대중교통을 이용하고 있다. 물론 직장과 가까운 곳에 집을 구해 출퇴근으로 소비되는 시간을 줄이면 좋겠지만, 비용이나 환경 문제로 여건이 되지 않는 경우가 많다.

나는 여기에서 이에 대한 문제를 이야기하려는 것이 아니다. 내 힘으로 제어할 수 없는 부분을 자꾸 생각하는 것은 시간 낭비일 뿐이다. 출퇴근으로 1시간 40분을 소비해야 한다면, 그 사실을 인정하고 '그 시간을 어떻게 보내느냐'를 고민해야 한다.

"출퇴근 시간에 무엇을 하느냐?"라는 질문에 56.8%의 직장인이 이렇게 답했다.

"스마트폰 등 모바일 기기를 이용한다."

물론 스마트폰으로 영어 공부를 할 수도 있고, 그 외 자기계발에 필요한 것을 할 수도 있다. 하지만 문제는 대부분 쓸데없는 것을 검색하고 시청하며 시간을 보낸다는 것이다. 그들은 주로 게임과 동영상 시청을 하는데, 게임의 경우 10명 중 4명이 매일 한다고 답했고, 남녀노소에 큰 차이가 없었다.

주중 기준으로 하루 평균 TV 시청 시간이 2시간 23분이라는 조사 결과를 보았을 때 20대의 경우 스마트폰 데이터 이용 시간과 TV 시청 시간을 합치면 하루에 무려 5시간을 그냥 소비해 버린다는 결론이 나온다.

여가 활동은 또 어떤가. 2012년 서울시 조사 결과, 서울 시민 절반이 주말과 휴일 여가 활동으로 TV와 DVD를 시청하는 것으로 나타났다. 또한 아무것도 하지 않으며 휴식을 취하는 사람이 10.7%로 뒤를 이었다. 중요한 것은 바로 이 부분이다.

소득별로 보면 200만 원 미만인 가구는 주말 여가 활동으로 TV 시청을 꼽은 비율이 평균보다 높은 58.7%를 기록했고, 500만 원 이상인 가구는 평균보다 낮은 37.4%로 나타나 소득이 높을수록 TV 시청보다 다른 여가 활동에 참여하는 경향을 보였다.

많은 사람이 '소득이 높은 사람들의 TV 시청률은 당연히 낮겠지. 때마다 해외에 나가거나 비용이 많이 드는 여가 활동을 하지 않겠어?'라고 생각하며 이렇게 말할 것이다.

"돈만 많이 줘 봐라. 집에서 뒹구나."

"연봉 좀 올려줘 봐. 여가 생활 좀 마음껏 즐기게."

"어딜 가나 서민들 여가 생활은 그게 그거잖아."

물론 일부는 맞는 말이다. 하지만 적어도 내가 알고 있는 삼성의 임원들은 무작정 해외로 휴가를 떠나지 않았다. 그들이 휴가 때 가장 많이 하는 여가 활동은 '생각하기'와 '관찰'이었다. 따라서 그들에게는 장소가 중요하지 않았고, 굳이 해외를 선택할 필요도 없었다. 물론 해외로 나간 사람도 있다. 하지만 해외로 나가는 그들의 시선과 생각은 보통 사람들의 그것과 전혀 다르다. 쇼핑과 힐링을 하기 위해 해외로 나가는 게 아니라, 그 나라의 문화와 철학 그리고 사람들을 경험하기 위해 떠났다. 책에서는 절대 얻을 수 없는 경험과 통찰을 얻기 위해 떠난 것이다.

'유독 이 나라, 이 지역의 스타벅스에만 이렇게 사람이 많은 이유가 무엇일까?'

'대부분의 사람이 지하철에서 책을 읽는 이 나라의 문화는 어떻게 만들어진 것일까?'

여행을 다니며 끊임없이 관찰하고 생각하기를 반복한다. 물론 여기에서 끝난다면, 그들에게 여행이 별 도움이 되지 않았을 것이다. 그들은 자신의 삶에 도움이 될 수 있는 마지막 질문을 던진다.

'이 지역의 스타벅스에만 사람이 많은 이유를 찾아내 이번에 시작하는 신사업에 적용시킬 수 있는 방법은 없을까?'

'그들의 독서 문화를 우리 직원들에게 전파할 수 있는 방법은 없을까?'

그들은 늘 자신의 사업과 주변에 도움이 될 수 있는 방법이 나올 때까지 사색을 멈추지 않았다.

최근에 한 가지 놀라운 소식을 접했다. 문화체육관광부가 국민 2,000명을 대상으로 한글과 한글날에 관한 조사를 했는데, 결과가 아주 충격적이다.

- 한글날이 공휴일이 아니라고 응답한 사람이 31.5%에 달했다.
- 한글날이 훈민정음 반포일을 근거로 삼은 사실을 아는 사람은 57.8%였다. 32.3%는 훈민정음 창제일이라고 답했고, 1.2%는 세종대왕 탄신일이라고 답했다.

이런 상황이 발생하는 이유는 간단하다. 생각을 하지 않고 살기 때문이다. 우리는 늘 바쁘다고 말하며 살고 있지만 그것은 몸이 바쁜 것이지 머리가 바쁜 것이 아니었다. 머리는 아무 생각 없이 다국적 패스트푸드 기업에서 햄버거를 만드는 것처럼 기계적으로 움직이느라 바빴던 것이다.

무엇보다 자신의 생각을 가지고 사는 것이 중요하다. 또한 본질을 제대로 바라보는 눈을 길러야 한다. 요즘 '명품 소금'이라는 슬로건을 걸고 건강에 좋은 소금이 많이 출시되는데, 혹시 소금과 건강의 상관관계에 대해 자세히 생각해 본 적이 있는가? 소금의 본질은 맛 내기이다. 소금은 건강에 좋으라고 먹는 것이 아니라, 음식을 맛있게 먹기 위해 섭취하는 것이다. 가장 맛있게 먹는 범위 안에서 적당량 이하로 소금을 섭취하는 것이 중요하다. 본질을 제대로 바라보는 사람은 '명품 소금'이라며 출시된, 기존 소금의 2배 이상의 가격을 달고 나오는 소금에 시선조차 주지 않는다. 본질이 무엇인지 알고 있기 때문이다. 하지만 많은 사람이 본질을 바라보는 데 실패하고, 건강에 좋다는 소금의 유혹에 빠진다.

주위를 둘러보면 많은 사람이 이런 질문을 던진다.

"요즘 잘나가는 책이 뭐예요?"

"사람들이 가장 잘 먹는 것으로 주세요."

"요즘 어떤 스타일의 옷이 유행이에요?"

자신이 읽는 책, 먹는 음식, 입는 옷까지 다른 사람의 성향에 맡긴다면, 과연 그것은 누구의 인생일까? 모두가 입고 모두가 먹는 것을 선택하는 것은 안전한 것이 아니라, 바보 같은 행동이다. 그 어떤 것과 관계를 맺을 때 가장 중요한 것은 어떤 결정을 하든 판단의 무게 중심을 자기 내면에 두는 것이다. 무게 중심이 자신에게서 벗어나면, 결국 남에게 의지하는 삶을 살게 된다. 생각, 생각에 빠지자.

고독을 반겨라

철학자 몽테뉴는 중년 이후 자신의 매력이 감퇴한 것을 한탄하며 이런 글을 남겼다.

거부당하는 것도 우울하지만, 더 서글픈 것은 불쌍하게 보여서 받아 주는 것이다.

직장에서도 마찬가지이다. 젊을 때는 열정으로 어느 정도 무능을 덮을 수 있지만, 나이가 들고 연차가 쌓이면 실력으로 보여 주어야 한다. 나이가 들었다는 이유로 혹은 연차가 높다는 이유로 봐 주는 것은 정말 서글픈 일이다. 하지만 지금 많은 직장인이 그렇게라도 직장에 남아 있기를 바라는 간절한 마음으로 서글픈 삶을 살고 있다. 보통 그런 사람은 직장에서 외톨이가 되기 쉽다. 그래서 더욱 반사적으로, 자신이 외톨이라는 것을 들키지 않기 위해 사람들과 어울리려고 노력한다. 하지만 나는 그런 사람일수록 더욱더 고독에 빠져 있으라고 조언한다. 오직 고독만이 당신을 자유롭게 할 수 있다. 조금 더 읽어 보면 그 뜻을 알 수 있을 것이다.

자, 당신에게 묻겠다.

"당신은 직장에서 반드시 필요한 사람인가?"

삼성의 한 임원은 당신이 직장에서 반드시 필요한 0.1%가 될 수 있는 방법에 대해 이렇게 말했다.

"0.1%의 직원이 되기 위해서는 세 가지 능력을 가져야 한다. 하나는 일의 본질을 파악하는 능력이다. 어느 직장을 가든 전체 직원 중 일의 본질을 정확히 파악할 수 있는 사람은 10% 정도이다. 그리고 또 하나, 답을 찾아내는 능력이 필요하다. 위의 10% 중에서 갑자기 회사에 중요한 일이 생겼을 때, 그 일에 딱 맞는 답을 찾아낼 수 있는 사람이 또 10%이다. 그리고 다시 그중 10%, 즉 전체 인원의 0.1%만이 그 일을 해결하기 위해 완벽한 멤버를 골라 팀을 꾸려 일을 해결하고 원하는 성과를 만들어 낸다. 잘 모르는 사람은 그들의 능력이 사람과 잘 어울리는 사회지능에 있다고 생각할 수도 있지만, 내가 바라보는 시선은 다르다. 이들이 누구보다 빠르게 일의 본질을 파악하고 답을 찾아내 최고의 성과를 낼 수 있는 결정적인 요인은 그들 특유의 고독을 이용할 줄 아는 능력에 있다."

사람은 혼자 태어나고, 혼자 성장한다. 예외인 사람은 없다. 하지만 우리는 언제나 혼자임을 견디지 못하고 누군가를 찾아 나선다. 관계를 원하는 본성 때문이다. 사람은 태어난 이후 끝없이 연결을 원한다. 정을 느낄 수 있는 인간관계를 끝없이 추구한다. 별 생각 없이 서로의 안부를 묻고, 어떻게든 사용 가능한 모든 화제를 꺼내 누군가와 대화를 이어 나가려 한다. 아주 약간의 침묵도 참지 못한다. 상대방과 눈을 마주치고 대화를 이어 나가며 혼자가 아니라는 사실에 안도해야 하기 때문이다. 하지만 그것마저 끊긴 어느 날에는 세상에 혼자밖에 없는 것 같다는 생각에 끝 모를 외로움에 빠지곤 한다.

'고독'이라는 단어를 사전에서 찾아보면 이렇게 설명되어 있다.

세상에 홀로 떨어져 있는 듯이 매우 외롭고 쓸쓸함.

'고독'의 어원은 더욱더 부정적이다. 고(孤)는 어려서 부모를 잃은 사람을 말하고, 독(獨)은 늙어서 자식이 없는 사람을 말한다. 세상에서 가장 슬프고 부정적인 말을 모은 느낌이 들 정도로 암울한 단어이다.

하지만 내가 말하고 싶은, 당신이 직장에서 0.1%가 될 수 있게 도울 고독은 영어권에서 말하는 고독이다. 영어권에는 고독에 해당되는 두 가지 단어, loneliness와 solitude가 있다. 전자는 한자권의 고독과 같이 '의지할 데도 없어 고통스럽다'라는 의미이지만, 후자는 '혼자 있어서 조용하고 좋다'라는 의미이다. 같은 '혼자'라도 그 상황을 대하는 태도에 따라 해석이 확연하게 달라진다. 결국 고독은 태도에 달려 있다. 고독은 홀로 됨이 아닌 마음에서 온다. 생각해 보라.

- 누군가를 의지하고 집착하는 게 과연 우리에게 행복을 주는가?
- 당신 곁에 머물고 있는 사람이 많아진다고 고독이 사라지는가?

모든 것은 순간적이다. 우리는 순간적인 기쁨을 느끼기 위해, 고독해지지 않기 위해 그다지 친하지 않은 사람과 자리를 함께하기도 하고, 바쁜 와중에도 이 모임, 저 모임에 기웃거리며 쓸데없는 관계를 맺곤 한다.

하지만 우리는 누군가와 관계를 맺고 의존하면서 약해지고, 안절부절못하게 된다. 혼자 있는 훈련이 되어 있지 않았기 때문이다. 우리는 사람과 어울리는 훈련은 자주 받았지만, 정작 가장 중요한 혼자 지내는 훈련은 한 번도 받지 못했다. 혼자 있는 것도 훈련이 필요하다. 고독이란, 당신의 미래를 바꿀 세상에서 가장 중요한 상태이기 때문이다.

세상을 움직이는 SP 에너지

앞서 고독을 가장 중요한 상태라고 표현한 이유는 고독은 잘 이용하면 삶에 자신감을 불어넣어 주고, 문제를 해결할 수 있는 새로운 길을 열어 주는 역할을 하기 때문이다. 물론 반대로 고독을 제대로 이용하지 못하면 부정적인 생각만으로 가득한 어둠 속에 갇혀 버리는 최악의 상황에 빠질 수 있다. 그런 상황이 지속되면 스스로 좌절감을 느끼게 되고, 평생 불행한 환경에서 살아가게 된다.

삼성의 임원들은 고독을 이용하는 SP(solitude power) 능력이 월등히 높다. 내가 만난 삼성의 한 임원은 대화 도중 홀로 생각에 잠기는 경우가 종종 있었다. 그는 늘 무언가를 골똘히 생각하고 있는 듯했다. 그는 일할 때 사색을 통해 얻은 지식을 행동으로 옮길 때까지 다음의 단계가 필요하다고 강조하였다.

1. 문제와 관련된 서적을 최대한 수집해 꼼꼼하게 읽어 본다.
2. 해당 분야 전문가를 만나 살아 있는 이야기를 들은 뒤 머릿속에 있는 자신의 정보와 결합시킨다.
3. 답이 나오면 행동에 옮기기 전에 스스로 납득할 수 있을 때까지 백 번이라도 '왜'라고 반문한다.

하지만 그는 이 모든 사색의 단계에서 가장 중요한 것은 자신을 고독하게 만드는 일이라고 말했다. 철저한 고독 안에서만 완벽한 사색의 결과물을 얻을 수 있다는 것이다.

《파우스트》를 창조한 세기의 천재 괴테는 이렇게 말했다.

"인간은 사회에서 여러 가지를 배울 수 있다. 그러나 영감을 얻는 것은 오직 고독에 의해서만 가능하다."

결국 고독을 어떻게 관리하느냐에 따라 우리의 인생이 결정된다. 우리는 고독을 두려워할 필요가 없다. 아니, 오히려 반겨야 한다. 비타민을 섭취하듯 고독에서 인생의 영양소를 충분히 취해야 한다.

고독을 제대로 이용하려면 일단 고독에 익숙해져야 한다. 의식적으로라도 고독과 친해져야 한다. 그래야 고독 안에서 영감을 발견할 가능성을 높일 수 있다. 다음 세 가지 단계를 통해 고독과 친구가 되도록 해 보자.

1. 혼자 할 수 있는 일에서 즐거움을 찾아보자

고독에 익숙해지려면 일단 혼자 있는 시간을 자주 갖는 것이 중요하다. 여러 명이 함께하는 운동 경기나 상대방이 필요한 활동보다 영화 관람이나 그림 감상, 독서, 낚시 등 혼자서 충분히 즐길 수 있는 취미를 즐기자.

2. 한 달 정도 혼자 할 수 있는 취미를 통해 고독에 익숙해지자

일단 취미를 하나 결정했으면, 한 달 정도 시간을 투자해서 어느 정도 수준까지 끌어올리겠다는 목표를 세우자. 혼자만의 시간을 통해 무언가를 이룰 수 있다는 성취감과 '나도 혼자 무언가를 할 수 있구나!'라는 자신감을 동시에 얻을 수 있다.

3. 고독을 통해 쓸데없는 시간 낭비를 줄이자

이제 얻는 것만 남았다. 고독을 피하기 위해 이유 없이 했던 비생산적인 행동을 모두 멈출 수 있다. 목적 없이 백화점을 돌아다니다가 필요하지 않은 물건을 구매하거나 홀로 커피숍에 앉아 밥보다 비싼 커피를 마시고 집으로 돌아와 쓸데없이 TV 채널을 돌리며 낭비했던 돈과 시간을 온전히 당신만을 위해 사용할 수 있을 것이다. 이제는 고독에 직면할 수 있고, 자신의 의지대로 행동하고 생각할 수 있는 능력을 갖추었으니 말이다.

처음에는 혼자 산책하고 혼자 영화를 보는 것이 상당히 어렵게 느껴질 것이다. 사람들이 나를 쳐다보며 '저 사람은 친구가 없나 봐!'라고 말하는 것은 아닐지 걱정도 될 것이다. 하지만 사람들은 그렇게 당신에게 관심이 없다. 그들도 자신의 외로움을 감추기 위해 당신만큼 애쓰고 있을 테니 말이다. 이제 그런 시간 낭비의 굴레에서 벗어나 당신을 위해 준비된 시간을 완벽하게 사용하라.

사색이 최고의 차별화이다

두 글을 소개한다. 11년 차이를 두고 발간된 책에 실린 글 중 일부인데, 진지한 마음으로 천천히 음미하듯 읽어 보기 바란다.

1.

조건을 보고 사랑을 하면

그 조건 때문에 나중에 헤어지게 됩니다.

사랑은 무조건으로 하는 것이다.

_2012년에 발간된 혜민 스님의《멈추면 비로소 보이는 것들》중에서

2.

그냥 좋은 것이

가장 좋은 것입니다.

어디가 좋고

무엇이 마음에 들면,

언제나 같을 수는 없는 사람

어느 순간 식상해질 수도 있는 것입니다.

그냥 좋은 것이

가장 좋은 것입니다.

특별히 끌리는 부분도

없을 수는 없겠지만

그 때문에 그가 좋은 것이 아니라

그가 좋아 그 부분이 좋은 것입니다.

그냥 좋은 것이

가장 좋은 것입니다.

_2001년에 발간된 원태연의《알레르기》중에서

 많은 사람이 알고 있듯 혜민 스님은 국민 힐링 멘토로 활발하게 활동하고 있다. 그가 집필한 책은 200만 권 이상 팔리기도 했다. 원태연 작가 역시 1990년대 후반에서 2000년대 초반에 굉장히 유명했다. 하지만 30대 이상의 사람 중 다수는 글이 너무 얕다며 그를 작가로 인정하지 않았다. 당시에는 시를 매우 진지한 눈으로 바라보았기 때문에 그런 평가를 받을 수밖에 없었다. 결국 그는 절필을 선언할 때까지 자신의 글을 폄하하는 사람들의 악평을 들어야만 했다. 그런데 혜민 스님은 다르다. 거의 모든 세대가 그를 좋아한다. 과연 두 작가의 글은 서로 다른 평을 받을 만큼 그렇게 다른 것일까?

 위의 글을 다시 한 번 자세히 살펴보자. 혜민 스님이 쓴 1번 글은 읽으면 마음이 편안해지고, 원태연 작가가 쓴 2번 글은 감각적이라는 느낌이 든다. 사색가는 이 글들을 읽자마자 느낌이 올 것이다. 사실 두 글은 주제도 같고, 내용도 거의 비슷하다. 원태연이 쓴 글의 '그냥'이 혜민 스님의 글에서는 '무조건'이라는 단어로 바뀌었을 뿐이다. 어차피 세상에 새로운 것은 없다. 어떤 내용을 읽든 그것을 자신의 가슴으로 받아들여서 자신의 언어로 세상에 외치는 것이 중요하다. 사색가들은 이렇듯 같은 주제도 다양한 느낌으로 표현할 수 있다. 그것이 그들만의 특권이다. 세상에 새로운 것은 없지만 비슷한 것들이 사색가에게 입력되어 세상에 나올 때 유일한 글이 되는 것이다.

원태연 작가는 특유의 감각적인 느낌으로 광고 카피처럼 마음을 표현했지만, 혜민 스님은 스님이 가진 특유의 언어로 읽는 이의 마음이 차분해지게 만들었다. 그렇게 하나는 감성시가, 하나는 힐링 에세이가 되었다. 두 사람이 자신만의 색으로 같은 주제, 같은 내용을 전혀 다른 느낌의 글로 만든 것이다. 그래서 사색이 최고의 차별화인 것이다. 아무리 세상에 새로운 것은 없다지만, 사색을 통해 전혀 다른 느낌의 것을 만들어 낼 수 있기 때문이다.

세계 최대 소프트웨어 업체인 미국 마이크로소프트의 빌 게이츠 회장은 1년에 두 차례씩 자신의 별장에서 집중적으로 사색하는 생각 주간(Think Week)을 갖는다. 생각 주간에 그의 별장을 찾는 사람은 하루 두 차례씩 간단한 음식을 넣어 주는 관리인뿐이다. 그는 스스로 외부와 단절한 채 고독한 시간을 갖는다.

삼성그룹의 이건희 회장 역시 고독을 경영의 에너지로 전환시켰다. 은둔 경영자라고 불릴 정도로 어떤 문제가 생기면 혼자 골똘히 사색에 잠기는 그는 고독한 자신과의 싸움을 통해 오늘날의 삼성을 일구었다.

당신에게 묻고 싶다. 시간이 돈인 그들이 왜 그 아까운 시간을 돈을 버는 데 쓰지 않고 앉아서 사색하는 데 쓰는 것일까?

- 늘 같은 사람과 같은 이야기를 하는데 어떻게 다른 생각이 나올 수 있겠는가.
- 늘 같은 길로 출근해 같은 길로 퇴근하는데 어떻게 다른 시각을 가질 수 있겠는가.

새로운 것을 만들어 내고 싶다면 고독을 어떻게 활용하느냐가 중요하다. 따라서 직원과 다른 생각, 다른 해법을 제시해야 하는 리더는 자발적인 격리가 필요하다. 다른 생각을 위해서는 다른 공간과 시간, 감정이 필요하기 때문이다.

새로운 아이디어는 회의를 통해 나오는 것이 아니다. 회의는 개인적인 사색을 통해 얻은 아이디어를 서로 제시하며 좀 더 이상적으로 결합시키는 시간이지, 아이디어를 도출해 내는 시간이 아니다. 그런데 많은 사람이 회의 시간에 새로운 아이디어를 만들어 내려고 한다. 그래서 늘 회의가 별 소득 없이 끝난다. 만족할 만한 아이디어가 나오지 않으니 회의는 결국 또 다른 회의를 만들어 내고, 그것이 악순환 되어 더욱더 생각이 없는 조직이 만들어지는 것이다.

아무리 좋은 돼지고기가 있어도, 불의 화력이 없으면 먹을 수 없다. 불이 있어야 맛있게 고기를 먹을 수 있듯이, 고독은 세상에 통하지 않는 것을 통하게 만드는 역할을 한다. 관찰, 독서, 감상 역시 마찬가지이다. 이런 노력 역시 고독이라는 환경이 더해져 통찰력으로 쌓이는 것이다. 고독이라는 통로가 없다면 아무것도 쌓이지 않는다.

삼성의 임원들은 고독을 가장 잘 이용하는 사람들이다. 많은 사람이 그들을 이렇게 평가한다.

"그들의 한마디면 모든 문제가 정리된다."

"그들이 지금 깊은 생각에 빠져 있다면, 곧 회사의 가장 어려운 문제가 해결될 것이다."

그들은 문제를 풀기 위한 혜안을 키우기 위해 끊임없이 사색한다. 한 임원은 내게 이런 이야기를 들려주었다.

"저는 항상 사색을 해요. 생각이 많아서 밤에 잠을 잘 자지 못해요. 머릿속으로 상황을 생각해 보고 문제를 해결하려고 해요. 문제를 해결하는 것을 좋아해서 사람들이 자신들이 처한 상황을 이야기하면 저는 그 상황을 해결하기 위해 고민합니다. 이것이 제가 깊이 생각하는 이유입니다. 또 계속 그렇게 유지하려 하고요."

사실 스펙은 그다지 쓸모가 없다. 자격증이나 영어 실력은 일하는 데 큰 도움을 주지 못한다. 외국인을 만났을 때 혹은 아주 전문적인 부분의 일을 할 때 도움을 주는 것 외에는 별로 메리트가 없다. 정작 현실에서 필요한 것은 백과사전에 모두 나와 있는 지식이 아니라 그 사람이 아니면 할 수 없는 그 무엇이다.

엄청난 스펙을 지닌 삼성의 입사자들이 과장이나 부장 정도에서 멈추는 것은 그들에게 자신과 남을 구분 지을 능력이 없기 때문이다. 또한 이름과 외모 등 껍데기만 다를 뿐, 거의 유사한 사람들이기 때문이다. 당신이 지금 어떤 자격증을 가지고 있든지 그것은 5년 안에 쓰레기가 된다. 중요한 것은 껍데기가 아니라 10년 후에도 당신의 생존을 책임질 수 있는 사색 근육이다. 사색하는 근육이 없는 사람은 앞으로 존재할 수 없다.

사색으로 직원을 관리하라

자, 다음 질문에 답해 보라.

"성공을 가로막는 가장 위험한 행동은 무엇이라고 생각하는가?"

삼성의 임원들은 이 질문에 의외의 답을 내놓았다. 그들이 첫 번째로 꼽은, 성공을 가로막는 가장 위험한 행동은 바로 '맞춤법을 틀리는 것'이었다.

한 임원은 그 이유에 대해 이렇게 설명했다.

"행동보다 말이 앞서고, 요령을 찾고, 성급한 결정을 하는 사람들의 특징이 무엇인지 알고 있나요? 바로 맞춤법을 자주 틀린다는 것입니다. 자신이 가지고 있는 실력 이상을 빨리 보여 주고 싶어서 서두르고, 요령을 피우고, 성급하게 행동하기 때문에 알고 있는 맞춤법도 자주 틀리죠. 그래서 저는 누군가를 평가할 때 그 사람의 스펙이 아닌, 그 사람이 작성한 기획안 등을 확인합니다. 그 안에 그 사람에 대한 거의 모든 것이 담겨 있으니까요."

나는 여기에서 사색의 힘이 얼마나 대단한지, 그들의 능력에서 사색이 미치는 비중이 얼마나 큰지 짐작할 수 있었다. 직원을 평가하는 데 아주 사소하다고 볼 수 있는 맞춤법을 기준으로 한다는 사실은 매우 의미 있다. 정말 깊은 사색을 할 수 있는 사색가만이 생각해 낼 수 있는 현명한 기준이기 때문이다.

사실 보통 대기업의 임원은 계약직이기 때문에 평균 임원 재임 기간이 10년이 넘지 않는다. 그래서 많은 임원이 단기적인 성과에 집착한다. 무언가를 보여 주지 않으면 당장 잘릴 수 있기 때문이다. 그래서 보통 기업의 임원은 눈에 보이는 실적을 가지고 직원을 평가하는 경향이 있다. 그런 성급함이 자신의 임기를 더욱 단축시킬 수 있다는 것을 모른 채, 직원의 맞춤법 따윈 거의 무의미한 것이라 치부하고 신경도 쓰지 않는다.

하지만 삼성 임원들은 상식에 입각한 사색을 통해 맞춤법이라는 평가 기준을 세웠다. 보통 성과를 1순위로 따질 것이라 생각하지만, 삼성 임원들의 공통점은 상식적인 업무 처리에 있다. 그들은 절대 단기간의 실적에 연연하지 않는다. 단기 실적에 연연하다 보면 무리한 방법을 사용하게 되고, 그것이 결국 자신에게도, 조직에게도 좋지 않은 영향을 미친다는 사실을 잘 알고 있기 때문이다. 그래서 삼성 임원들은 공통적으로 상식에 입각해 조직을 관리한다. 맞춤법 역시 그중 하나인 셈이다. 결국 위기 시 가장 큰 힘을 발휘할 수 있게 만드는 것은 어떤 거대한 힘이 아니라 사소하다고 생각할 수 있는 맞춤법과 같은 것들이다.

임원들이 해야 할 일을 열거하면 끝도 없이 많지만, 그중 가장 중요한 일은 사람을 적재적소에 활용하는 용인술이라 할 수 있다. 삼성의 임원들은 이런 깊은 사색을 통해 얻은 방법으로, 직원들이 최대한 자신의 특성을 활용해 최고의 성과를 낼 수 있도록 돕는다.

1.

일단 다른 부서나 조직에서 어느 정도 능력이 인정된 직원이라면, 다른 직원들과 잘 어울릴 수 있는지, 조직에 융합될 수 있는지, 말과 생각, 행동이 조직에 해를 주지 않는지 살펴본다. 그리고 자기 통제력이 어느 정도인지 살펴본다. 이를 위해 일부러 혼을 내기도 하고, 부당하다고 느껴질 수도 있는 상황을 만들어 보기도 한다. 비인간적이라 생각할 수도 있지만 조직에서 자신을 통제하지 못하는 자는 다른 사람들에게도 부정적인 영향을 주기 때문에 조직을 생각하면 반드시 필요한 부분이다.

2.

위의 테스트 결과, 능력은 있는데 자기 통제력이 약하고 다른 사람과의 소통에 문제가 있다면 이런 방법을 사용한다. 지나치게 불같은 성품의 소유자라면, 담담하게 앉아 기획안을 작성하는 일을 시킨다. 반대로 조용하고 침착한 성품의 소유자라면, 밖으로 나가 사람을 만나야 하는 영업을 시킨다. 보통은 직원의 강점을 살려 불같은 성품의 소유자는 영업을, 조용한 성격의 소유자는 기획을 시키는 경우가 많은데, 세상은 그렇게 자신의 장점 하나로만 살아갈 수 없다. 가장 중요한 것은 그가 자신을 버리고 사람들의 마음에 들어가는 법을 습득하는 것이다. 그가 만든 제품 안에도 그 마음이 스며들기 때문이다. 다른 사람을 이해하지 못하는 사람은 결코 영혼이 담긴 제품을 만들 수 없다. 그들의 "가능합니다!"라는 말은 그저 공허한 외침으로 끝날 가능성이 높다. 따라서 자신의 성격과 반대되는 사람들의 마음을 알고 이해하는 것이 중요하다.

3.

조직 관리에는 크게 세 가지 자질이 필요하다. 위의 1, 2번을 통해 지성과 능력을 인정받았다면, 마지막으로 가장 중요한 인간에 대한 사랑을 깨달아야 한다. 이것은 교육으로 전파하기 힘든 부분이다. 스스로 본을 보이는 가치관 교육을 통해 직원들에게 전파할 수 있다. 삼성의 임원들은 언제나 온 힘을 다해 나라에 기여하고자 열심히 일했다. 또한 자신이 몸담고 있는 기업을 위한 일이라고 생각하지 않았다. 그것은 너무 시시한 목표이다. 최소한 자신의 나라, 크게는 세계를 위해 일한다는 큰 목표가 있어야 한다. 돈이 많다고 해서 좋은 인재를 많이 끌어올 수 있는 것이 아니다. 삼성에 인재가 가득한 이유는 선한 목적을 달성하기 위해 언제나 모든 것을 열어 두고 열심히 일했기 때문이다. 자신의 안위나 지위가 아닌, 인류 전체를 위해 봉사하려는 마음이 있었던 것이다. 이처럼 재능을 가진 직원들이 신속하면서도 신나게 발전하려면 조직 안에 인간에 대한 사랑이 널리 퍼져 있어야 한다.

결국 삼성의 직원들은 자신도 모르는 자신의 재능을 임원들의 사색을 통해 발견하게 되는 셈이다. 물론 아무나 삼성의 임원들처럼 직원을 단련시킬 수는 없다. 모두가 그들처럼 사색할 수 있는 것이 아니기 때문이다. 사색할 줄 아는 자만이 자기 내부의 목소리에 귀를 기울이며 주변의 옳지 않은 이야기에 현혹되지 않을 수 있다. 위의 세 가지 방법을 마음으로 이해하고 받아들이면, 당신에게도 곧 그들과 맞먹는 용인술이 생길 것이다. 이를 통해 정말 훌륭한 직원을 알아볼 수 있고, 부당하게 일을 처리하고 비리를 일삼는 직원을 추려 낼 수 있다.

3년 동안 사람의 본성에 대해 사색하라

집 앞에 모자가 운영하는 초밥집이 있었다. 몇 개월 전에 식사를 하고 계산을 하려다가 우연히 모자가 쓴 노트를 본 적이 있다. 거기에 이런 문장이 적혀 있었다.

목표! 하루 매출 30만 원 이상!

그 후, 초밥집에 변화가 생겼다. 찾아갈 때마다 초밥을 팔지 않는 것이 아닌가. 보통 식사 시간보다 일찍 가도 재료가 떨어졌다며 초밥을 팔지 않았다. 그렇게 몇 차례 초밥을 먹으러 갔다가 엉뚱하게 그들이 권하는 튀김과 치킨을 먹으며 계획하지 않은 음주까지 하게 되었다. 하루는 그들에게 "왜 초밥을 팔지 않느냐?"고 물었다. 그들은 이렇게 답했다.

"초밥을 팔아서는 매출이 나오지 않아요. 그래서 이제 술과 안주를 팔기로 했어요."

몇 달 전, 한 초밥집이 리모델링을 했다. 전국적으로 알려진 초밥집이었기 때문에 '사람을 더 끌어모으기 위해 화려하게 리모델링을 하겠구나.'라는 생각이 들었다. 사실 많은 사람의 사랑을 받는 초밥집치고는 가게가 초라했기 때문이다.

리모델링을 끝났다는 소식을 접하고 들뜬 마음으로 초밥집을 방문했다. 그런데 예상과 달리 외관은 아주 약간만 달라져 있었다. 뭔가 이상하다고 생각하며 실내에 들어갔다. 그들은 놀랍게도 리모델링을 통해 가게를 확장하거나 화려하게 만든 것이 아니라, 기존에 있던 방을 없애고 테이블과 다찌 자리만 만들어 놓는 등 오히려 가게를 축소했다.

주인은 나에게 이런 이야기를 들려주었다.

"그동안 장사는 잘되었는데, 방에 계신 손님들에게 죄송한 마음이 많았습니다. 손님을 직접 제 눈으로 확인할 수 있어야 최고의 서비스를 제공할 수 있는데, 방에 계신 손님에게는 마음껏 서비스할 수 없으니 죄송했죠. 그래서 이번에 모든 방을 없애고 오히려 가게를 축소했습니다. 제가 할 수 있는 범위 안에서 최고의 서비스를 하고 싶어서요."

반드시 하루 30만 원 매출을 달성해야 한다는 이유로 초밥집에서 초밥을 팔지 않는 방법을 선택하며 매출 30만 원에 모든 초점을 맞추고 장사를 하는 모자와 보이지 않는 손님까지 챙기고 싶은 마음에 당장 매출 손해를 감수하고 오히려 축소 리모델링을 하는 사장! 나는 예언가는 아니지만, 손님을 대하는 마음의 태도를 보며, 그들이 운영하는 가게의 운명을 예상할 수 있었다.

나는 수많은 식당을 방문하며 하나의 공통점을 발견했다. 고압적인, 전혀 웃지 않는 표정으로 카운터에서 계산을 하는 사장들의 공통점은 바로 과거 대기업 임원 출신이라는 것이다. 100% 일치하는 것은 아니지만, 딱 보면 '아, 이 사람은 대기업 임원 출신이구나, 퇴직금 받아서 식당을 차렸구나.'라는 예감이 든다. 그리고 그런 식당은 거의 6개월을 넘기지 못하고 폐업했다.

하지만 삼성에서 퇴직한 임원들은 조금 다르다. 그들은 일단 무슨 일을 시작하든 성공적으로 이끌어 나가고, 전혀 임원 출신이라는 인상을 주지 않는다. 서비스 교육을 전문적으로 받은 사람보다 더 감각적으로 사람을 만족시킨다. 그것은 그들이 도덕적이거나 예의가 바르기 때문이 아니라, 기본적으로 사람의 본성에 대해 잘 알고 있기 때문이다. 그들에게는 사람을 감동시키고, 사람의 숨겨진 욕구를 발견하는 힘이 누구보다 강력하게 내재되어 있다.

사람의 본성에 대한 부분을 추가적으로 설명하기 위해 한국에서 일어난 몇 가지 상황을 소개한다. 지난여름 한국의 수많은 백화점에서 진풍경이 연출되었다.

- 여름이 되기 몇 달 전부터 대기자 명단에 이름을 올려놓고 '이것'이 입고되기만 기다리고 있다.
- '이것'은 200만 원이 훌쩍 넘는데, 매장에 들어오자마자 2시간 만에 팔려 나갔다.
- '이것'이 입고되면 연락해 달라는 고객 문의도 하루에 수십 통에 달한다.

도대체 200만 원이 훌쩍 넘는, 석 달 전부터 대기하게 만드는 '이것'은 무엇일까? 냉장고? 침대? 그도 아니면 엄청난 크기의 최고급 TV? 쉽게 답을 맞히기 어려울 것이다. 정답은 바로 '패딩'이다. 비슷비슷한 아웃도어 점퍼에 싫증 난 소비자들이 차별화를 위해 고가 패딩으로 눈을 돌리면서 엄청난 가격에도 불구하고 품귀 현상을 일으킨 것이다. 게다가 물건이 나오기만 하면 바로 품절이 되니 예약을 해서라도 무조건 사 놓고 보겠다는 욕심이 한 여름에 패딩이 팔리는 비정상적인 상황을 만들었다.

이런 상품이 또 있다. 바로 럭셔리 캠핑 장비이다. 캠핑 장비 가격을 살펴보면 정말 엄청나다. 몇백만 원 하는 텐트가 넘쳐 나고, 6만 원 정도하는 캠핑용 젓가락도 있다. 그렇다면 우리가 캠핑을 하는 이유는 무엇인가? 태양의 움직임을 보고, 나침반을 이용해 동과 서를 확인하며 길을 찾아가는 과정에서 자연과 하나가 되기 위해서? 캠핑을 위해 엄청난 가격의 텐트를 구매하는 것을 보면 자연과 하나가 되는 목적은 아닌 것이 분명하다.

등산 용품도 엄청난 가격을 자랑한다. 사람들은 과연 건강을 위해 산에 오르는 것일까? 옷을 자랑하고 싶어 산에 오르는 것일까? 그것도 아니면 정말 산악인이라도 되려고 하는 것일까?

인간의 본성에 대해 한 번 생각해 보자. 기본적으로 인간은 이기적인 동물이다. 그러면서도 자신만을 위해 살아가지 않는 것은 사회화 과정에서 남과 함께 살아가는 법을 배웠기 때문이다. 하지만 인간 본성은 절대 바꿀 수 없다. 남과 함께 잘 사는 것처럼 보이지만, 그것은 그렇게 바뀐 게 아니라, 참고 견디고 있는 것일 뿐이다.

결국 우리 인간은 자연과 하나가 되고 싶다는 마음으로 캠핑을 하는 게 아니라 나 혼자가 되고 싶어서, 가족이나 친구에게 받지 못한 위로를 스스로 해 주고 싶어서 떠난다. 그렇게 철저하게 나만을 위해 떠나는 여행이기 때문에 최대한 고급스러운 장비를 갖추고 남들이 입고 다니는 고가 패딩 정도는 입어야 한다고 생각하는 것이다.

다시 한 번 말하지만, 인간은 이기적인 동물이다. 최근 대학과 신문사가 함께 진행한 중학생들의 인성지수 조사에서 '정직'은 10개 지표 중 가장 낮은 반면, '정의'는 가장 높았다. 정의에 대해서는 높은 점수가 나오고, 인성을 이루는 요소 중 하나인 정직에서는 이렇게 낮은 점수가 나온 이유는 무엇일까?

먼저 도덕과 정의의 사전적 의미를 살펴보면 '사회의 구성원들이 양심, 사회적 여론, 관습 따위에 비추어 스스로 마땅히 지켜야 할 행동 준칙이나 규범의 총체'라고 되어 있다. 그리고 정의는 '이성적 존재인 인간이 언제 어디서나 추구하고자 하는 바르고 곧은 것'이라고 되어 있다.

여기서 우리는 아주 중요한 것을 발견할 수 있다. '우리 사회가 왜 자꾸 정의를 부르짖는지'에 대한 이유가 바로 그것이다. 정직은 자신에 대한 잣대이고, 정의는 타인에 대한 잣대이기 때문이다.

나는 몇 년 전부터 이런 사회 현상을 관찰하고 있었다. 그리고 많은 사람이 이런 생각을 가진 채 살아가고 있다는 것을 발견했다.

- 자신의 치부는 숨기거나 아예 찾으려는 노력도 하지 않은 채, 타인의 부정과 비리에 대해서는 강한 거부감을 보인다.
- 간혹 자신의 치부를 발견하더라도, '내 치부는 너에 비하면 새 발의 피'라고 말하며 상황을 모면하는 데 급급하다.
- 타인에게는 죽을 것처럼 달려들면서 자신의 잘못은 대수롭지 않게 여긴다.

정의에는 민감하지만 자신의 도덕성에는 전혀 관심이 없는 것이다. 자신의 도덕성은 깨끗한 자신에게 아무런 이득을 주지 못하지만, 타인의 부정과 비리에 대한 처벌을 요구하는 정의는 자신에게 미칠지 모를 손해를 막아 주기 때문이다. 사실 나는 지난 수년 동안 대한민국 사회를 지켜보며 정의가 유행할 것이라 예감했다.

《정의란 무엇인가?》라는 책이 베스트셀러가 되며 '정의 열풍'이 불었던 것은 결국 세상을 정의롭게 만들겠다는 의지가 아니라, 자신에게는 한없이 관대하면서도 남의 잘못은 그냥 넘어가지 않겠다는 우리들의 잘못된 생각을 반영한 것이었다. 웃긴 일이지만, 실제로《정의란 무엇인가?》저자의 차기작인《왜 도덕인가?》라는 책은 서점에서 거의 반응을 보이지 않았다. 사람들은 도덕에는 관심이 없다. 그것은 내게 쏘는 화살이기 때문이다.

인간은 누구나 남이 하는 것을 보면, 그렇게 할 만한 능력이 없음에도 불구하고 자기도 똑같이 해 보고 싶어 한다. 그런데 돈이 없거나 능력이 없어서 남들과 같은 것을 하지 못하게 되니 정의를 찾게 되는 것이다. 남들처럼 못하니 이 세상이 불공평하다는 것이다. 물론 자신도 자신이 정의를 찾는 게 합당한 것인지, 가끔 불안할 수도 있다. 그때 나온 것이 '위안'과 '힐링' 코드이다. '넌 잘하고 있어', '다들 그렇게 살고 있어' 등의 느낌을 주는 위안과 힐링 코드를 통해 그들은 자신이 정의를 내세우는 것이 옳은 것이라 결정짓는다. 이런 인간의 본성을 알게 되면, 대중에 좀 더 가깝게 다가갈 수 있다.

그래서 삼성의 많은 임원은 일을 배우기 전에 먼저 사람을 배워야 한다고 강조한다. 어차피 세상의 모든 일은 사람이 하는 것이다. 생각해 보면 직장에서 가장 힘든 것은 일이 아니라, 나를 힘들게 하는 사람이다. 반대로 생각해 보면 당신은 일하는 방법은 배웠지만, 사람에 대해서는 아직 배우지 않았다는 것이 된다. 사람의 본성에 대해서 아는 게 없으니, 자꾸만 인간관계에서 서툰 배려를 하게 된다. 하지만 서툰 배려는 상처만 남길 뿐이다. 사색을 통해 사람을 알아야 한다.

그렇다면 과연 사색은 어떻게 해야 하는 것일까?

사색의 출발은 질문이다

이쯤에서 독자에게 이런 질문을 던지고 싶다.

"당신은 스타벅스 커피를 마시며 스스로에게 어떤 질문을 던지는가?"

갑자기 할 말을 잃은 독자도 있을 것이고, 질문의 의도를 파악하지 못한 독자도 있을 것이다. 스타벅스에서 소비자들이 하는 질문은 크게 세 가지이다.

우선 질문에 대한 감각이 전혀 없는 1단계 소비자는 스타벅스 커피를 마시며 '이 커피 참 맛있네. 그런데 짜증나게 왜 이렇게 사람이 많은 거야?' 정도의 질문 아닌 질문을 던진다. 하지만 2단계 소비자는 '이렇게 사람이 많은 데는 이유가 있겠지? 그 이유가 뭘까?'라는 조금은 발전된 질문을 던진다. 질문과 동시에 그는 스타벅스 매장을 자세하게 관찰하고, 직원들의 손님 응대 모습까지 주의 깊게 바라보며 스타벅스의 성공 이유를 찾는다. 1단계 소비자는 자신의 반경 1미터 안에서 시선이 멈췄지만, 2단계 소비자는 질문을 바꾸며 매장 전체를 바라보게 된 것이다. 마지막 3단계 소비자는 이렇게 질문한다.

'스타벅스가 성공한 이유를 이제 조금 알겠어. 그럼 대체 어떻게 하면 스타벅스의 성공 스토리를 내 사업과 접목시킬 수 있을까?'

이 질문과 동시에 그는 스타벅스의 경쟁력을 자신의 것으로 만들게 되는 것이다. 생각해 보라. 1단계 질문에 그친 사람의 사색의 깊이는 어떻겠는가? 아무리 사색을 해도 별다른 대안이 나오지 않을 것이다. 중요한 것은 제대로 된 질문이다.

사색의 출발은 바로 질문이다. 어떤 사물도 질문하지 않으면 대답하지 않는다. 질문 없이 그저 바라보기만 하는 것은 사색이 아니라, 멍하니 있는 것이다. 늘 지금 자신이 무엇을 구해야 하는지, 그에 합당한 질문을 가지고 사색에 들어가야 한다. 물론 질문이 복잡하고 포괄적이어서 좋은 질문을 떠올리기란 쉽지 않다. 하지만 반면에 복잡하고 포괄적이기에 우리에겐 아직 더 훌륭한 질문을 발견할 기회가 많은 것이다. 지나치기 쉬운 평범한 현상에서 비범한 아이디어를 찾아내는 이들의 공통점은 무엇일까? 이는 다르게 보고 다르게 질문하는 능력을 가졌다는 점이다.

'이사'라는 대상을 놓고 보자. 이사의 상식적인 사고는 '힘들고 고되다'라는 것이다. 여기에서 생각이 멈춘다면 '어떻게 하면 이사를 힘들이지 않고 편하게 할 수 있을까?'라는 질문만 하게 될 것이다. 아무리 사색을 해도 이사를 조금이라도 덜 힘들게 하기 위해 되도록 많은 주변 사람을 동원해야 한다는 생각밖에 할 수 없을 것이다. 질문이 평범하면 사색도 평범해지고, 답도 평범해진다. 이런 생각들은 이미 몇 십 년, 몇 백 년 동안에 수많은 사람이 생각했던 것들이기 때문에 사람들에게 새로움을 줄 수 없다.

한 걸음 나아가서 발상을 바꿔 '이사는 힘들지 않다'라는 질문을 던져 보자. 물론 상식적으로 말이 되지 않는다. 하지만 때론 비상식적인 사고가 새로운 것을 만들어 낼 수 있다.

1. 이사는 힘들지 않다.

2. 그래! 내가 굳이 이삿짐을 꾸리고, 하루의 시간을 들여 고생할 필요는 없지. 게다가 나는 지금 몸도 별로 안 좋잖아.

3. 그럼, 누군가 내 대신에 짐을 싸 주고, 옮겨 주면 어떨까?

답은 포장이사이다. 예전에는 힘들게 시간을 투자하여 이사를 했지만 지금은 대부분의 사람이 포장이사를 선호한다. 포장이사는 누군가의 다른 질문을 통해 만들어진 창의적인 발명품이다. 똑같은 질문만을 던지며 '왜 내 삶이 변화되지 않느냐?'고 불평하는 것은 어리석은 일이다. 같은 질문으로 경쟁한다면, 이길 수 있는 확률은 그만큼 적어진다. 좀 더 나은 자신을 원한다면 질문 역시 남과 다르게 던질 수 있어야 한다.

삼성에서 임원으로 퇴직하면, 강사로 부르는 곳이 상당히 많다. 삼성에서 7년 정도 임원으로 근무하다 퇴임한 S 역시 마찬가지였다. 그는 퇴직한 후 바로 강의 시장에 뛰어들었다. 많은 사람이 삼성에서 겪은 그의 이야기를 궁금해했고, 말하기 능력이 뛰어난 그는 금세 A급 강사 반열에 올랐다. 하지만 불경기가 되자 강의 의뢰 건수가 절반 이하로 뚝 떨어졌다.

그는 더 이상 이런 식으로는 버틸 수 없다고 생각하고 고민에 빠졌다. 그리고 스스로에게 이런 질문을 던졌다.

"나는 다른 강사와 무엇이 다른가?"

일주일도 지나지 않아 답이 나왔다. 자신의 이름으로 된 책을 내는 것이었다. 그는 책을 내면서 다른 강사와 자신을 차별화할 수 있었다.

- 일반 강사보다 다양한 곳에서 강연할 수 있는 기회를 가질 수 있게 되었다.
- 기업의 교육 담당자들에게 전문성을 알릴 수 있었다.
- 기업뿐 아니라 독자들의 사랑도 받게 되었다.
- 한 번 강의를 들었던 기업에서 다시 초빙하는 경우가 늘었다.
- 평판이 높아지면서 많은 사람이 그를 '삼성 임원 출신 강사'가 아니라, '전문가'로 인정해 주었다.

그는 "어떤 일을 하든지 내가 남과 다른 점이 무엇인지 늘 질문하고 생각하라."라고 조언했다. 그만큼 질문이 중요하다. 당신에게 일어나는 모든 상황을 당신에게 유리한 상황으로 바꾸고 싶다면, 지금보다 높은 평판과 성과를 얻고 싶다면, 무엇보다 당신의 질문이 먼저 변해야 한다.

감정을 완벽하게 통제하라

자신이 처한 상황을 해결해 줄 가장 완벽한 질문을 던지기 위해서는 감정을 완벽하게 통제할 줄 알아야 한다. 자신의 감정을 제대로 조절하지 못하면 설익은 질문이 나올 가능성이 높다.

일반적으로 사람들은 정기적으로 외로움을 느끼거나 우울한 감정에 빠진다. 주된 이유는 그들이 압박을 느끼는 일에 생각의 초점을 맞추고 있기 때문이다. 우울한 감정에서 빠져나오기 위해서는 생각의 초점을 바꿔야 한다. 우울한 상태에 빠지는 것은 '이건 해서 뭐하나?', '나는 왜 제대로 되는 일이 하나도 없는 거야?'와 같이 자신을 우울하게 만드는 질문을 계속해서 하기 때문이다. 이런 상태에서는 사색을 해도 부정적인 답만 나올 뿐이다. 끔찍한 질문을 하면 끔찍한 답을 얻게 된다.

자신의 삶을 돌아보자. 만약 제대로 되는 게 없다고 생각한다면 스스로에게 이렇게 질문해 보라.

'왜 나는 제대로 되는 게 없는 것이지?'

우리 삶을 발전적으로 변화시키기 위해서는 우리가 처한 상황을 똑바로 바라보아야 한다. 삶이 무기력해지는 이유는 우리가 자신이 처한 상황을 애써 부정하려 하기 때문이다. 자신을 발견하려는 질문을 통해 기분이 달라지고, 삶이 전체적으로 밝아지는 것을 느끼게 될 것이다.

직장인들 역시 마찬가지이다. 일은 잘하는데 감정 조절을 잘하지 못해서 스스로 무너지는 경우가 많다. 사실 직장인들은 일 때문에 지치는 것이 아니라, 감정 문제에 치여 지친다. 연차가 쌓일수록 매일 반복되는 업무는 쉽게 처리할 수 있지만, 감정 문제를 처리하는 것은 좀처럼 능숙해지지 않는다.

어느 직장을 가든 무슨 말만 하면 열을 내고, 마치 전쟁이라도 할 기세로 대화에 임하는 사람이 있다. 이때는 차분하게 생각해야 한다. 그들이 치열하게 싸움을 건다고 해서 당신도 치열하게 감정을 앞세우면, 결국 지치는 것은 당신이다. 게다가 직장에서 일어난 문제를 집에 가서까지 생각하게 되기 때문에 잠을 제대로 자지 못해 편안하게 쉬지도 못한다. 그렇다고 아예 그들과 상종하지 않을 수도 없는 노릇이다. 이때는 당신이 관여해야 할 문제와 그냥 지나가는 문제를 구분하는 것이 현명한 선택이다. 그리고 상황을 너무 심각하게 받아들이지 않는 것이 좋다. 만약 자신을 제어할 수 없을 것 같은 순간이 오면 이런 질문을 던지며 스스로 감정을 제어하라.

'내가 왜 다른 사람 때문에 기분을 망쳐야 하는 것이지?'

이렇게 생각의 초점을 순간적으로 변화시켜 당신의 감정을 바꿔 보라. 이런 질문을 통해 자신의 감정을 조금씩 추스르고 평온을 찾아가면서 자신의 기량을 발휘하는 데 힘써야 한다. 당신의 몸이 자동차라면 당신이 가진 쓸데없는 감정은 에너지를 더 쓰게 하는 짐에 불과하다. 짐이 자꾸 늘어나면 자동차는 더욱 많은 연료를 써야 할 뿐 아니라, 멀리 가지 못하고 고장이 나 멈춰 서게 될 것이다. 그러니 되도록이면 쓸데없는 감정은 비우고, 자신의 일에 집중할 수 있는 자세를 지니는 것이 좋다.

머릿속에 자꾸 무언가를 억지로 주입하는 대신 질문을 통해 당신이 원하는 감정을 느끼게 하는 것이 좋다. 생각의 초점만 바꾸어도 자신의 감정을 즉각적으로 바꿀 수 있다. 모든 사람은 생각만 해도 미소가 절로 지어지는 아름다운 추억을 가지고 있다. 아무리 지금 상황이 좋지 않아도 좋았던 그 순간들에 초점을 맞춰 생각하면 순간적으로 기분이 좋아진다. 그때 '그날 나는 정말 행복했지?', '그날 하늘이 참 맑았었지?'와 같은 질문을 한다면 경이로운 느낌을 갖게 해 준 소중한 경험들이 떠오르기 시작할 것이다. 이런 긍정적인 질문을 통해 자신의 감정을 끊임없이 좋은 상태로 만들어 주는 것이 좋다.

완벽한 사색을 원한다면 질문을 바꿔라

외국에서 여행을 하다가 괜찮은 식당을 발견하면 '이런 식당이 한국에 있으면 잘 될 것 같다. 내가 한 번 해 볼까?'라는 생각이 든다. 수많은 식당이 그런 생각으로 한국에 들어왔다. 하지만 외국에서는 큰 성공을 거두었던 식당들이 한국에서 성공할 확률은 10%도 되지 않는다. 왜 그런 것일까? 한국인의 입맛에 맞지 않아서? 신선한 식재료 확보가 어려워서? 수많은 이유가 있겠지만, 그들이 한국에서 성공하지 못한 이유는 그 이유가 생긴 이유를 찾아내지 않았기 때문이다. 외국의 식당이 자국에서 성공한 이유는 먹는 사람의 마음을 읽어 냈기 때문이다. 하지만 우리는 그것을 그대로 도입했다. 먹는 사람이 달라졌음에도 불구하고, 같은 시스템을 도입한 것이다. 당연히 잘 될 리가 없다.

삼성의 한 임원이 자신이 자주 가는 곳이라며 식당 한 곳을 소개해 주었다. 프랑스 포차 콘셉트를 내세운 정말 독특한 식당이었다. 사실 프랑스 요리를 우아하게 먹고 싶어 하는 사람도 있지만, 한국의 특성상 그게 부담스러운 사람도 있다. 또한 술을 즐기는 우리 민족의 특성상 소주와 함께 가볍게 스파게티를 먹고 싶은 사람이 많다. 이 식당은 그들에게 이런 것들을 제공하고 있었다.

- 새벽까지 영업해서 늦게까지 술을 마실 수 있다.
- 기본 안주로 크림스파게티를 먹을 수 있다.
- 스테이크나 프랑스 전통 요리인 슈크루트 등을 소주와 함께 마시는 특별한 순간을 경험할 수 있다.

한참 프랑스 포차의 분위기에 매료되어 있을 때, 그 임원은 내게 "정말 중요한 것은 시스템이 아니다. 식당이든 기업이든 시스템만 도입하지 말고, 그 시스템을 만든 그들의 마음까지 도입해야 한다."라고 말하며 이런 이야기를 들려주었다.

"나는 일할 때 언제나 사람을 먼저 생각한다. 시스템에 집중하지 않고 그 시스템을 만든 사람의 마음, 먹는 사람의 마음을 최대한 반영한 그들의 마음까지 도입한다면 이런 개념을 만들 수 있다. 출근할 때 회사에 도착해 잠시 눈을 감고 명상을 하는 것 역시 하루를 시작하며 고객의 마음을 더 깊게 이해하기 위한 노력 중 하나이다."

2010년 말, 삼성 라이온즈는 구단의 핵심 인력 3명을 한꺼번에 바꾸었다. 삼성은 2011 시즌부터 2013 시즌까지 사상 첫 3년 연속 정규 시즌 우승을 하며 프로야구 역사에 한 획을 그었다. 삼성이 3년간 최고의 자리를 차지할 수 있었던 원동력은 바로 시스템에 있다. 삼성SDS를 이끌었던 김인 사장은 2010년 말, 삼성 라이온즈 사장 보직을 맡은 후 바로 통합 전략 야구 정보 시스템 개발을 이끌었다. 2011년 4월부터 1년간 개발비 35억 원과 프로그래머 40여 명이 투입돼 새로운 시스템인 '스타비스(STABIS)'가 완성되었다. 스타비스는 경기 전력 분석은 물론 선수 정보, 스카우트를 포함해 구단 전체 업무를 아우르는 통합 정보 시스템이다. 모든 데이터를 디지털화해 원하는 정보를 실시간으로 파악할 수 있다. 선수들이 누릴 수 있는 혜택은 간단하게 세 가지이다.

1. 선수들은 과거 특정 시점의 경기 동영상을 언제든지 확인할 수 있다.

2. 스마트폰을 통해서도 활용할 수 있다.

3. 부상 선수의 의료 영상 기록을 체크할 수 있다.

    중요한 것은 바로 2번이다. 선수들이 모바일로 경기 기록과 영상을 받아볼 수 있는 구단은 현재 삼성뿐이다. 뭐라도 해야 해서 시스템을 만든 게 아니다. 선수들에게 꼭 필요한 것을 만들겠다는 의지가 있었기 때문에 모바일로 경기 기록과 영상을 선수들이 편안하게 확인할 수 있도록 시스템을 만든 것이다. 결국 시스템을 만든 것이 중요한 게 아니라, 왜 그 시스템을 만들었느냐가 중요하다. 그는 승리가 아니라 선수를 먼저 생각했다. 다른 팀이 오직 승리만 생각하며 시스템을 만들 때, 그는 선수를 먼저 생각했다. 생각의 길이 다르면 이처럼 도착하는 지점도 다르다.

    프랑스 포차와 삼성 라이온스의 사례를 통해 우리는 '어떻게 하면 돈을 벌 수 있을까?'라는 질문이 아니라, '어떻게 하면 사람들에게 도움이 될 수 있을까?'라는 질문을 던져야 한다는 사실을 알게 되었다. 중요한 것은 시스템이 아니라 마음이다.

    질문은 명령과 같다. 질문에 맞는 답을 찾아내라는 명령이다. 당신은 당신 삶에 오직 돈만 발견해 내라고 명령할 것인가? 아니면 세상을 바꿀 그 무엇을 발견하라고 할 것인가? 하루 24시간, 일 년 내내 '어떻게 하면 돈을 벌까?'라는 사색을 해도 성과가 나지 않는 이유는 당연하다. 돈을 내는 고객을 전혀 생각하지 않았기 때문이다. 아무리 사색을 해도 답이 나오지 않으면 질문을 바꿔라.

완벽한 사색을 방해하는 변명의 질문

몇 달 전, 삼성에서 임원으로 일하다 퇴직한 60대 초반의 남자와 술자리를 가졌다. 잠시 이야기를 들어보니 다른 삼성의 임원들처럼 그 역시 하루를 그냥 보내지 않았다. 60세가 넘었지만 여전히 매일 아침 일찍 일어나 잠들 때까지 명상, 독서, 산책, 취미 활동을 하는 등 굉장히 빡빡한 하루를 보내고 있었다.

그는 나에게 이런 질문을 던졌다.

"작가님은 책을 27권이나 냈다면서요? 글을 쓰는 게 힘들지 않나요?"

그 당시 나는 글을 쓰는 것이 조금 귀찮은 상태였다. 솔직히 현실을 고백하자, 그는 기다렸다는 듯이 이렇게 말했다.

"나는 누군가가 한숨을 지으며 '사는 게 힘들다'고 말하면 스스로에게 '나는 무엇에 비해서 그렇게 힘들지?'라고 질문하라고 합니다. 힘들다는 생각이 들 때 한숨을 짓기보다 긍정적인 질문을 던지는 것이 현명합니다. 삶이 더 쉬워질 수만 있다면 좋겠지만 현실은 그렇지 않습니다. 나이를 먹어 가면서 어떤 일들은 감당할 수 없을 정도로 힘들어지고, 또 어떤 일들은 상대적으로 수월해집니다. 나는 스트레스에 시달리며 힘이 들면 음악을 듣거나 노래를 불렀습니다. 물론 노래에 소질이 있는 것은 아닙니다. 그저 내 식으로 마음대로 불렀죠. 그런데 이상하게도 그렇게 잠시 노래를 부르며 휴식을 취하면 일이 나에게 다시 힘을 주더군요."

그의 말처럼 인생의 모든 단계에는 좋은 면과 나쁜 면이 있다. 여기서 핵심은 좋은 면에 초점을 맞추되 나쁜 면에 대해서는 그것과 더불어 사는 법을 배우라는 것이다. 우리를 슬럼프에 빠지게 만드는 것도, 슬럼프에서

구해 줄 수 있는 것도 다름 아닌 우리의 일이다. 살면서 나쁜 쪽으로 빠져 나가려 할 때 그것을 좋은 쪽으로 변화시킬 수 있는 질문을 던지고, 자신이 가장 잘하는 것에 의지하며 긍정적인 변화를 이끌어 내면 된다.

쓸데없는 변명은 가능한 일을 불가능한 일로 만들어 버리는 마법의 힘을 갖고 있다. 1,000권의 책을 읽고 싶은데 직장에서 매일 야근하는 바람에 그럴 시간이 없다고, 가난한 집안 살림 때문에 돈이 없어 책을 살 여유가 없다고 해서 책을 읽고자 하는 마음까지 사라지게 만들어서는 안 된다. 변명을 접고 일단 지금 할 수 있는 일부터 찾아봐야 한다.

가장 먼저 책을 사기 위해 저금을 한다거나 직장에 출퇴근하는 시간을 이용해 조금씩이라도 책을 읽어야 한다. 현실적으로 1,000권의 책을 읽는 게 불가능하다고 그 마음까지 잃는다면 당신은 모든 것을 잃을 것이다. 실현 불가능한 것들 때문에 괜히 변명만 늘어놓지 말고, 일단 가능한 것들을 찾고, 또 조금씩 불가능을 가능한 것으로 만들어 나가는 자세가 필요하다.

성공하지 못하는 사람들의 삶에는 '변명'이라는 공통점이 있다. 어떤 일에 실패할 때마다 스스로에게 변명의 질문을 던지며 자신을 위로한다. 물론 그것으로 당장의 슬픔을 가라앉힐 수는 있지만 장기적으로는 자신의 단점을 계속 끌고 가는 것이기 때문에 도움이 되지 않는다. 언젠가 극복해야 할 것이라면 변명이 아닌 실력으로 극복하는 자세가 필요하다.

고대 그리스의 철학자 플라톤은 이렇게 말했다.

"가장 재빠르고 가장 가치 있는 승리는 자신을 정복하는 일이다. 또 자기 자신에게 정복되는 것은 가장 수치스럽고 비열한 것이다."

변명을 일삼는 것은 스스로 자신에게 정복되는 것과 같다. 세상에서 가장 추한 것을 왜 자신에게 주입하려 하는가? 만일 당신이 변명을 하지 않고, 솔직한 자신의 모습과 마주할 자신이 있다면 머지않아 당신의 약점은 보완될 것이며 절대 무너지지 않는 멋진 인생을 살게 될 것이다.

당신을 변화시키는 모든 찬란한 가능성의 씨앗은 바로 지금, 당신 안에서 숨 쉬고 있다. 당신의 마음가짐이 당신 내부에 있는 가장 위대한 가능성인 것이다.

최고의 사색을 완성하는 열 가지 습관

대문호 괴테는 이렇게 말했다.

"셰익스피어는 우리들에게 은쟁반에 황금의 사과들을 담아서 준다네. 우리도 그의 작품을 연구함으로써 은쟁반을 얻게 되지. 하지만 우리는 거기에 감자를 담으니, 그것이야말로 고약한 점이 아니겠는가!"

사색하지 못하는 사람을 두고 한 말이다. 셰익스피어는 엄청난 사색을 통해 귀한 것을 우리에게 선사하는데, 그 수준에 이르지 못한 보통 사람들은 주는 것조차 제대로 소화하지 못한다는 의미이다. 그렇다고 사색이 거창한 것은 아니다. 다음에 제시하는 열 가지 습관을 매일 반복하다 보면 머지않아 사색의 깊이가 달라진 자신을 만나게 될 것이다.

1. 마음을 열고 온 마음으로 사색하라

일단 사람들의 시선을 신경 쓰지 말아야 한다. 당신이 사색에 빠지면 주변 사람들이 수군거리며 "별 걸 다 하네."라고 말할 것 같지만 현실은 그렇지 않다. 사람들은 당신에게 그리 관심이 없다. 또한 '다른 사람에게 어떻게 보이느냐' 하는 것은 그리 중요하지 않다. 중요한 것은 '내가 지금 이 순간 얼마 만큼 깊은 사색을 하고 있느냐'이다.

그리고 마음을 열어라. 사색가들의 공통점은 마음이 열려 있다는 것이다. 그들은 사물을 자신이 보고 싶은 대로 보지 않고, 있는 그대로 본다. 꽤 많은 사람이 자신이 원하는 대로 판단하고 바라보기 때문에 사물과 자연을 있는 그대로 볼 수 있다는 것은 정말 중요한 능력이다. 따라서 마음을 열고 자신을 개방한다는 것은 세상의 온갖 편협한 것으로부터 우리를 자유롭게 만들 수 있다.

2. 가장 낮은 곳부터 바라보라

삼성 임원들의 공통점은 대부분 은퇴 후에 봉사활동 계획을 가지고 있다는 것이다. 세상의 낮은 곳을 사랑하는 마음 없이는 아무것도 창조할 수 없다는 사실을 알 수 있다. 그들의 성공 안에는 세상을 향한 사랑의 마음이 담겨 있다. 이는 그들의 생활 습관에서도 나타난다. 삼성의 한 임원은 출근할 때 1층에서 자신의 집무실인 고층까지 걸어 올라간다고 한다. 그는 이렇게 말했다.

"매일 계단을 오르며 가장 높은 곳에 가려면 가장 낮은 데서 시작하는 것이 최선의 방법이라는 사실을 알게 된다. 하지만 그보다 더 위대한 가르침은 세상을 사랑하는 마음을 깨닫는 것이다. 가장 낮은 곳에서 계단을 오르는 동안 낮은 곳에 있는 사람들의 고통을 느끼고 그들을 위한 일을 하는 것이 바로 성공이라는 사실을 깨닫게 된다. 세상을 돕는 게 나를 돕는 것이라는 사실을 깨닫게 되는 것이다."

직장에서 인정받는 사람들의 공통점은 그들이 신입사원이었을 때, 사내에서 가장 허드렛일을 잘하고 배려를 잘하는 사람이었다는 사실이다. 그들은 단지 그런 봉사로 사람들의 신망을 얻고 인정받은 것이 아니다. 허드렛일을 하며 낮은 사람을 배려했고, 가장 낮은 곳에서 회사를 바라보며 사색할 수 있었고, 그로 인해 업무의 본질을 조금씩 알아갔기 때문이다. 사물을 바라보는 시선도, 생각도, 관찰하는 버릇도 낮은 데서 높은 곳으로 가야 한다. 거기에 진리가 있다.

3. 당신이 가진 정보가 사실인지 끊임없이 확인하고 의심하라

보통 우리는 의사결정을 내리기 전에 어떤 형태로든 정보를 수집한다. 하지만 문제는 '수집한 정보가 모두 사실일까?' 하는 걱정이다. 만약 그것이 왜곡된 것이거나 누군가의 성향에 의해 변질된 것이라면 어떻게 할 것인가? 정말 신뢰할 수 있는 정보를 찾아내야 한다. 이것은 제대로 된 사색을 위해 매우 중요한 문제이다. 정보가 틀리면 아무리 깊은 사색을 한다 해도 엉뚱한 답만 나오기 때문이다. 따라서 다음과 같은 과정을 거쳐야 한다.

첫째, 일단 정보를 충분히 수집해야 한다. 시간이 허락하는 한도에서 자신이 할 수 있는 모든 곳에서 정보를 수집해야 한다.

둘째, 누구의 입에서 나온 정보인지 파악해야 한다. 정보를 제공한 사람이 어떤 성향을 지닌 사람인지 파악하고 진실을 찾아내기 위해 노력해야 한다. 또한 정보 제공자가 그 분야에서 전문가인지 아니면 그저 다른 사람 입에서 나온 말을 받아 적은 데 불과한지 전문성도 확인해야 한다.

셋째, 마지막으로 자신에 대해 검증해야 한다. 보통 사람들은 정보를 취할 때 익숙한 것을 좇는 편향, 자신의 편견을 따르는 편향, 자신의 신념과 다른 것은 거부하는 편향, 처음의 것에 비중을 두는 편향 등을 가지고 있다. 이러한 것들이 무의식중에 자신이 원하는 정보만 수집하게 만든다. 끊임없이 자신에게 질문을 던지며 가장 올바른 정보만을 골라내야 한다.

4. 부정적인 시각을 버려라

나는 2012년에 많은 사람과 함께 세계 3대 도시 빈민들이 살고 있는 필리핀 톤도에 방문했다. 톤도에서는 치약이 있어도 물이 귀해 양치질을 하지 못하지만 코카콜라는 물보다 콜라를 저렴하게 공급하며 아이들의 치아 상태를 최악으로 만드는 데 큰 영향을 미쳤다. 이런 상황을 보며 많은 사람이 이렇게 외쳤다.

"이러니 기업들이 욕을 먹지. 아이들을 생각하면 이럴 수 있을까?"

하지만 나는 다르게 생각했다. 머릿속 세포에 이 문장 하나만을 계속 주입시켰다.

'코카콜라는 어디에 가도 쉽게 즐길 수 있구나!'

그리고 콜라를 바라보며 사색에 빠진 후 이런 행동 지침을 구상했다.

'빈민들이 사는 도시에도 자연스럽게 있는 코카콜라. 그 마케팅과 유통망 노하우를 어떻게 하면 내 삶에 적용할 수 있을까?'

'물이 없어 양치질을 하지 못하는 아이들을 위해 생수도 콜라처럼 저렴

하게 유통시킬 수 있는 방법은 뭐가 있을까?'

비평과 불만만 갖는 사람은 현재를 바꿀 수 없다. 아이가 불쌍하다면 아이가 불쌍해지지 않는 미래를 만들기 위해 무엇을 해야 할지 생각해 내야 한다. 대상에 대한 사랑이 깊으면 분명한 대안이 나온다. 비판만 하고 싶기에, 사랑이 없기에 대안도 없는 것이다.

언제나 세상과 사물을 긍정적으로 바라보는 삼성의 한 임원이 이런 이야기를 해 주었다.

"저는 직원들에게 늘 '지금 눈앞에 보이는 현실이 전부가 아니다. 보이지 않는 세상이 훨씬 크기 때문에 불가능이란 없다'라고 말합니다. 나 역시 언제나 '안 된다'는 말을 하지 않습니다. 그 대신 '무조건 되게 하라'고 자신에게 말합니다. 안 될 것 같은 문제를 안 될 거라고 말해서 우리가 얻을 수 있는 게 무엇인가요? 차라리 그 시간에 어떻게든 되는 방법을 생각해 내는 게 현명하겠죠."

지금 당신을 괴롭히고 있는 문제에 집중하고 있는 사람과 문제를 다른 시각으로 바라보며 내 삶에 이로운 무엇을 발견해 내는 사람의 삶은 어떻게 달라질까?

5. 역사와 문화 부분의 내공을 쌓아라

이제 기술만으로는 제품을 팔 수 없는 시대가 되었다. 소비자의 마음을 움직이려면 역사, 문화, 인문학 등 다양한 가치가 담긴 제품을 만들어야 한다. 삼성의 많은 임원이 인터뷰나 책을 통해 강조하는 것은 스펙이 아니라 역사와 문화 부분의 내공을 쌓는 일이다. 결국 사색 역시 입력된 정보가 많을수록 깊어질 수 있다.

여행을 즐기는 한 임원은 내게 이런 이야기를 들려주었다.

"저는 매년 최대한 많이 여행을 가려고 노력합니다. 해외든 국내든 상관없어요. 자연과 사람이 있는 곳이라면 무엇이든 배울 수 있으니까요. 다만 사물을 보는 동안 자신이 무엇을 봐야 하는지, 자신에게 중요한 게 무엇인지 알고 있어야 합니다. 저는 산으로 여행을 떠나면 산의 형태와 위치, 암석의 종류를 관찰합니다. 물론 그게 전부는 아니죠. 흙과 공기, 바람과 날씨도 관찰하죠. 그리고 처음 만나는 도시로 여행을 떠나면, 그 도시 특유의 건축물과 사람들의 생활양식, 풍습 등을 연구하고 관찰합니다. 세상 모든 것이 제 관심사인 셈이죠. 관찰로 얻은 정보를 바탕으로 다양한 문제에 대한 사색을 합니다. 좀 더 깊은 사색이 가능해지죠."

그의 이야기를 들으며 나는 '관심 있는 만큼 얻을 수 있다.'는 아주 평범한 사실을 깨달았다. 반대로 말해 만약 당신이 아무런 지식도 없다면, 아무런 관심 없이 살았다는 것을 의미한다.

6. 주인정신을 가지고 사색하라

남들보다 몇 년 빠르게 임원으로 승진한 H는 입사했을 때부터 남달랐다. 그는 온종일 일만 생각했다. 물론 동기들도 열심히 일했지만, 그는 수준이 달랐다. 수많은 데이터를 분석하고 정리해서 완벽하게 자신의 것으로 만들었다. 그는 좀 더 효율적으로 일하고 싶어서 하루에 자신이 하는 일을 수시로 기록했다가 하루가 끝나면 자신이 보낸 하루를 복기해 가면서 철저하게 하루의 움직임을 분석했다. 그 과정을 반복하다 보니 하루

중에 쓸데없이 보낸 시간이 눈에 들어왔다. 그는 그러한 시간들을 바꿔 나가며 자신의 하루를 최대한 효율적으로 보내기 위해 애썼다. 주인정신을 가지고 일하지 않는 사람은 절대 이를 수 없는 경지이다.

그는 다른 직원과 생각 자체가 달랐다. 직장에서 살아남는 게 아니라, '어떻게 하면 삼성을 강하게 만들 수 있을까?'를 놓고 사색했다. 대부분의 직장인은 어려운 환경이 닥치면 어떻게든 혼자 살아남는 것을 우선순위로 생각한다. 그처럼 조직의 미래를 내다보는 일은 오너가 아니라면 도저히 생각할 수 없는 수준의 생각이다.

이런 주인정신을 가져야 수억 원의 연봉을 받는 임원이 될 수 있다. 작은 중소기업의 연 매출을 연봉으로 받는 것이다. '내 회사도 아닌데 열심히 일할 필요가 있어?'라고 생각한 사람들은 연봉 1억 원도 받지 못한 채 쫓겨났을 것이다. 하지만 내 회사처럼 일하는 사람은 굳이 내 회사를 차리지 않아도 그런 대우를 받게 된다.

늘 자신이 사장인 것처럼 생각하고 일해야 한다. 고속 승진의 대표 케이스인 삼성의 한 임원은 사원 시절부터 늘 이런 생각을 했다.

'빌 게이츠, 스티브 잡스는 사장인데, 나는 뭐지?'

그가 황당한 상상을 했다고 생각하는가? 그는 더욱 깊게 몰입했다.

'나이도 얼마 차이나지 않는데 저들과 내가 다른 게 뭐지?'

결국 그는 자신과 그들의 다른 점을 찾아내기 시작했고, 그들처럼 생각하고 그들처럼 행동하기 시작했다. 그리고 삼성에서 빠르게 임원으로 승진했다. 주인정신을 갖는다는 것은 결코 회사만 돕는 게 아니다. 결국 나를 돕는 일이다.

7. 산책은 마법이다

　삼성의 임원들은 평소에 굉장히 많이 걷는다. 정말 시간이 없으면 출퇴근을 할 때 엘리베이터가 아닌 계단을 이용하기도 한다. 보통 사람은 그것이 그들만의 건강 유지 비결이라고 생각하지만, 생각하는 수준이 다른 사람은 절대 그렇게 판단하지 않는다. 그들은 홀로 있는 법을 터득하고, 고독 안에서 사색하는 법을 터득한 것이다. 여기서 중요한 것은 생각의 필터를 바꿔야 한다는 것이다. 건강을 유지하기 위해 산책을 한다고 생각하는 사람은 결코 사색을 할 수 없다. 건강에 목적을 두면 아무 생각 없이 걷게만 될 가능성이 크기 때문이다. 생각의 필터 자체를 바꿔라. 산책이 위대한 생각을 탄생시킨다는 필터를 탑재해야 한다.

　제대로 사색하면 산책하는 동안 눈에 보이는 모든 풍경과 머릿속에 들어 있는 모든 정보가 끊임없이 서로 결합되고 분리되며 수많은 아이디어를 만들어 낸다. 산책 이후 지친 얼굴로 의자에 털썩 몸을 내던진다면 그것은 몸이 아닌 정신이 지쳤을 가능성이 높다.

　정말 시간이 없다면 대중교통을 이용할 때 목적지에서 몇 정거장 전에 내려 차분히 걸어 보라. 주변 사람들의 표정은 어떤지, 거리의 풍경은 어떻게 변했는지 관찰해 보라. 아주 작은 산책 습관이 당신의 인생을 변화시킬 것이다.

8. 언제나 다음 그리고 그 다음까지 생각하라

　미국의 한 백화점에서 일어난 일이다. 한 여성 고객이 백화점에 자동차 타이어를 들고 와서는 반품해 달라고 요구했다. 고객은 영수증이 없는 상태였다. 직원은 제품 가격으로 얼마를 지불했느냐고 물은 뒤, 그녀가 말한 29달러를 기꺼이 환불해 주었다. 여기까지만 놓고 보면 그렇게 특별한 이야기가 아니다. 그러나 정말 특별한 일은 이제 시작이다.

'사실 이 백화점은 자동차 타이어를 판매하지 않는다.'

이 이야기를 접한 많은 사람이 이 백화점이 단돈 29달러로 수백만 달러 가치가 있는 무료 홍보를 했다고 강조한다. 하지만 나는 다르게 생각한다. 고객을 만나거나 사람을 만날 때는 항상 지금 이 순간이 아니라 다음 그리고 그 다음까지 예상하고 대화를 나눠야 한다. 만남을 갖기 전에 대화를 전체적으로 조망해 보며 어떤 이야기를 어떤 식으로 나눌 것인지, 상대방의 예상 반응까지 염두에 두어야 한다. 이렇게 준비해야만 어떤 상황이든 자신에게 유리하게 만들 수 있다.

사람들은 이런 일이 미국이기 때문에 가능하다고 말한다. 하지만 미국의 백화점이라서 팔지도 않는 자동차 타이어를 환불해 준 것이 아니다. 만약 이런 엄청난 홍보 효과가 일어나지 않았다면, 그 직원은 시말서를 쓰고 자신의 월급에서 29달러를 지불해야 했을 것이다. 한국이든 미국이든 마찬가지이다. 다른 것은 그 점원이 몇 단계 뒤를 생각했다는 것이다. 그는 29달러로 일어날 수 있는 엄청난 미래를 예감하고, 기꺼이 시말서를 쓸 각오로 29달러를 환불해 준 것이다.

몇 년 전, 뛰어난 사색가로 알려진 삼성의 한 계열사 사장이 입사를 앞두고 있는 신입사원 부모들에게 훌륭한 자녀들을 삼성에 보내 준 것에 대한 감사의 뜻으로 와인과 초콜릿이 담긴 선물 바구니, 편지를 보내 화제가 되었다. 이로 인해 삼성의 이미지는 더욱 좋아졌다. 사색의 고수가 아니라면 결코 할 수 없는 행동이다. 그는 지금은 시간이 낭비되고 비용이 들더라도 좀 더 멀리 내다보며 미래에 큰 힘을 발휘할 수 있는 행동을 한 것이다.

9. 세상에 쓸모없는 것은 아무것도 없다

삼성의 한 임원은 자신의 삶을 이렇게 회고했다.

"세상에 쓸모없는 일은 없다. 결국 내가 듣고 경험한 것들이 축적되어서 지금의 내가 탄생한 것이다. 사원 시절에는 '이런 것들까지 배우고 경험할 필요가 있을까?' 하는 생각도 했다. 하지만 내가 틀렸다. 돌이켜 보니 모든 것은 촘촘히 연결되어 있고, 필요 없는 것은 하나도 없었다."

그의 말처럼 어떤 사람의 인생이든지 당장에는 시시한 일로 보이지만 지나고 보면 그것이 엄청난 기회였다는 것을 깨닫게 되는 순간이 찾아온다. 따라서 모든 일을 겸허하게 대해야 한다. 아무리 작은 일이라도 열정을 가지고 맡으면, '나'라는 그릇이 달라진다. 경험은 쌓이는 것이니 최대한 젊을 때 바닥부터 경험하고 배우는 자세가 필요하다.

또한 중요한 것은 자신이 좋아하는 일을 계속 좋아하는 것이다. 많은 사람이 좋아하는 일을 해야 한다고 말하며 시작하지만 오래 지속하지 못하고 중간에 다른 일을 선택하는 것을 반복한다. 물론 그것이 나쁜 것은 아니지만, 언제까지 선택만 할 수는 없다. 하나를 골라서 그 분야에서 최고가 되기 위해 끊임없이 공부하고 자신을 연마해야 한다. 자신의 직무 분야에 대한 전문성은 물론 직무 외적 분야에 대한 폭넓은 지식을 갖추고 끊임없이 자기계발을 해야 한다.

10. '몸'이 아닌 '생각'을 제어하라

삼성의 임원들은 대부분 오전 5시에 기상해 아침 운동이나 걷기, 명상 등을 한 뒤 회사에 출근한다. 보통 직장인이 전날 마신 술에서 헤어 나오지 못할 시간에 이불을 박차고 나와 누구보다 빨리 아침을 시작하는 것이다. 실제로 삼성의 임원들은 아무리 늦게까지 술을 마셔도 다음 날 멀쩡하게, 누구보다 더 일찍, 더 맑은 정신으로 출근한다. 가끔 그들과 술을 마실 기회가 있는데, 새벽까지 함께 술을 마셔도 그들은 언제나 완벽하게 자신의 아침 시간을 제어했다.

결국 몸이 아니라 생각이 문제이다. 전날 늦게까지 술을 마셨다는 부담감에 신경을 쓰다 보니, 아침에 자연스레 늦게 일어나게 되는 것이다. 늦게까지 술을 마셨지만, 다음 날 전혀 문제가 없다고 생각하고 잠을 자면 맑은 정신으로 일찍 일어나 출근할 수 있다. 하지만 대부분 자신의 생각을 제대로 제어하지 못하고 몸의 지배를 받는다.

지금까지 완벽한 사색을 위한 열 가지 습관을 제시했다. 하지만 무엇보다 중요한 것은 마지막에 제시한 '생각을 제어하라'라는 부분이다.

'내가 과연 그런 일을 할 수 있을까? 내겐 그런 능력이 없어.'라고 생각해 본 적이 있는가? 많은 사람이 자신에게 거창한 일이 주어지면 쉽게 이런 생각을 한다. 언제나 긍정을 강조하며 살아가는 사람들도 이런 상황에 놓이면 대부분 자신의 능력을 부정한다.

생각해 보라. 생각은 마음이 안에서 움직이는 것이고, 행위는 마음이 밖으로 움직이는 것이다. 그래서 처음 생각하는 단계에서 조금이라도 부정적인 감정이 들어오는 것을 허락하면 안 된다. 그 움직임이 결국 행위가 되어 결과로 나타나기 때문이다. 따라서 아주 짧은 한순간이라도 생각의 수준을 높이는 데 집중해야 한다.

삼성 출신 지인에게 들은 이야기이다. 그가 삼성에 다닐 때, 바로 옆 부서에 꽤 능력 있는 부장이 한 명 있었다. 그를 포함한 대부분의 직원은 능력 있는 사람이니 곧 임원으로 승진할 것이라 생각했다. 하지만 정작 그 자신은 '나는 임원 그릇이 아니다'라고 생각했다. 누가 봐도 그는 임원으로 승진할 만큼 능력이 있었지만, 그는 스스로 온갖 부정적인 상상을 하며 승진할 수 없을 것이라고 생각했다.

'내가 임원이 된다고? 내게 그런 능력이 있을까?'

그는 어리석게도 스스로 자신의 승진 가능성을 부정했다. 결국 그렇게 그의 생각은 엉뚱한 방향으로 흘러갔고, 그의 가슴에는 '승진하고 싶다'는 욕망보다 '승진하지 못할 것'이라는 좌절감이 강해졌다. 결론은 어땠을까? 그는 자신의 생각대로 되었다. 부정적인 생각이 부정적인 결실을 만든 것이다.

Samsung's Tip

진정한 소통을 원한다면 표정을 관리하라

온갖 어려움을 극복하고 성공을 이루어 낸 삼성의 임원이 있다. 그에게는 배울 점이 상당히 많았다. 그중 하나가 바로 '표정 관리'였다. 그는 '말과 표정의 일치'가 경쟁력이 된다는 점을 강조했다.

나 역시 그 점을 중요하게 생각한다. 얼마 전에 직장인을 대상으로 강연을 했다. 강연이 끝나자 한 남성이 다가와 "오늘 강연 정말 좋았습니다!"라고 말하며, 고마움을 표시했다. 그런데 그의 표정은 말과 차이가 있었다. 분명 웃고 있었지만, 그의 표정에서 '빨리 좀 끝내지. 배고파 죽는 줄 알았네.'라는 생각이 읽혔다. 이렇게 표정과 말에 틈이 생기면 그 마음이 아무리 진실하다 해도 상대방은 부정적인 생각을 하게 된다. 선의로 던진 한마디로 관계가 어색해질 수도 있다는 것을 명심해야 한다.

사실 엄청난 연습으로 단련된 방송인이 아니라면 자신의 표정을 제대로 알기 힘들다. 거울 앞에 서서 최대한 웃는 얼굴로 "정말 재미있으세요!"라고 말해 보라. 말과 표정이 정확하게 맞아떨어지는가? '자신이 하고 있다고 생각하는 것'과 '남들에게 보여지는 모습'에는 아주 커다란 차이가 있다. 그것이 불통의 가장 큰 원인이다.

삼성의 한 임원은 말과 표정을 일치시키는 데 필요한 비결을 전수해 주었다.

"한 번은 누군가와 대화를 나눌 때 내가 어떤 표정을 짓고 있을지 궁금해 휴대폰을 이용해 동영상 촬영을 해 보았어요. 동영상을 통해 나만 몰랐던 좋지 않은 버릇들을 발견하게 되었죠. 눈은 웃고 있지만 한쪽 입꼬리가 올라가 자칫 상대방을 비웃는 것처럼 보일 수 있겠더라고요. 습관은 쉽게 고쳐지는 것이 아니기 때문에 지금도 종종 동영상 촬영을 해 표정을 점검합니다. 소통에 좋지 않은 영향을 주는 요소들은 서둘러 뿌리 뽑아야 해요."

원활한 소통을 하고 싶다면, 일단 표정 관리를 잘해야 한다. 매우 간단한 방법이라고 생각할 수도 있지만 상대방에게는 당신의 표정이 '당신을 알 수 있는 모든 것'이다. 일에 들인 노력을 물거품으로 만들고 싶지 않다면, 지금 당장 자신의 표정을 점검해 보라.

| 부록 |

효과적인 사색을 위한
단계별 추천 도서

　삶은 사색으로 이루어져야 한다. 그렇지 않으면 매일 쏟아지는 수많은 정보에 중심을 잡지 못하고 무너져 버릴 수 있다. 하지만 자신만의 생각을 가진 사람, 즉 사색하는 사람은 쉽게 무너지지 않는다. 그들은 스스로 모든 것을 개척해 나가기 때문에 다른 사람의 도움을 필요로 하지 않는다. 많은 사람이 가만히 앉아서 어제 했던 일을 오늘도 반복하며 혹시나 찾아올지 모를 행운을 기대한다. 그러나 사색가는 주변 상황이나 타인에 기대지 않고 스스로 자신의 삶을 만들어 나간다.

　내가 부록을 작성한 이유는 간단하다. 요즘 많은 사람이 책을 읽지 않거나 반대로 1년 365권 독서를 목표로 매우 많은 책을 읽는다. 나는 두 부류 모두 사색가가 될 가능성이 거의 없다고 생각한다. 독서는 목표가 아니기 때문이다. 독서를 할 때 중요한 것은 다독이 아니다. 또한 메모하거나 토론을 하거나 감상문을 쓰는 것도 아니다. 수백 권이 아니라, 단 한 장을 읽더라도 완벽하게 불태울 수 있어야 진정한 독서라 할 수 있다.

독서를 통해 독자가 얻을 수 있는 것은 크게 세 가지이다.

- 시야를 넓힌다.
- 상상력을 동원하여 나만의 스타일을 만든다.
- 최신 트렌드를 빠르게 접하며 아이디어를 얻는다.

결국 독서를 통해 우리는 세상에 없던 새로운 것을 만들 수 있다. 물론 여기에는 조건이 필요하다. 생각해 보면 대부분의 사람이 그저 책을 읽는 데 의의를 두어 아무것도 달라지지 않은 내일을 맞이한다. 책을 읽고 자신의 삶에 아무런 변화가 없다면, 그저 기계처럼 책장을 넘기는 일을 반복한 것뿐이다. 독서에서 가장 중요한 것은 사색이다. 사색하지 않는 독서는 시간 낭비를 한 것과 다름없다.

독서를 통해 얻을 수 있는 모든 것은 사색을 통해 이루어진다. 독서를 통해 당신이 얻을 수 있는 가장 큰 소득은 '나만의 사색법' 형성이다. 이를 통해 위의 세 가지 능력을 얻을 수 있고, 평생 최고의 위치에서 현역으로 활동할 수 있는 동력을 확보할 수 있다. 사색 독서에 대해 자세하게 언급하려면, 책을 한 권 더 써야 할 정도로 방대하다. 그래서 나는 독자들이 조금 더 쉽게 사색 독서에 접근할 수 있도록 '사색 독서 4단계'를 만들었다. 책의 내용을 가슴에 담은 독자라면 단계별 독서를 통해 빠르면 1년 안에 스스로 생각하는 힘을 기를 수 있을 것이다.

1. 사색 기초

대부분의 사람이 사색을 위한 독서를 처음 접할 것이다. 무슨 일이든 마찬가지이지만, 처음에는 무모함이 필요하다. 무엇이든지 가능하다는 마음가짐으로 내가 소개하는 책을 읽다 보면, 조금씩 달라지는 자신을 발견할 수 있을 것이다. 또 하나 중요한 것은 첫 방향을 잘 잡는 것이다. 이를 테면 사냥꾼은 동물처럼 생각하는 법을 배워야 한다. 마찬가지로 당신이 기획자라면 고객처럼 생각하는 법을 배워야 한다. 그렇게 자신의 역할에 맞게 책을 읽으면 세상 전체를 당신의 무대로 만들 수 있다.

우선 처음이기 때문에 기간을 충분히 갖는 것이 좋다. 최소 3개월에서 최대 6개월 정도로 기간을 잡고 집중적으로 책을 읽어 나가면 큰 무리 없이 기초 단계를 마칠 수 있다. 충분히 이해가 될 때까지 같은 책을 몇 번이고 반복해서 읽는 것을 추천한다.

기초 단계이지만 추천하는 책 리스트를 보면 의아할 수도 있다. 쉬운 책이 있는 반면, 정말 어려운 책도 많다. 기초 단계에서는 쉬운 책을 읽으며 쉽게 넘어가는 것도 중요하지만, 그보다 더 중요한 것은 기초 단계부터 생각하는 수준을 몇 단계 뛰어넘는 것이다. 자신의 수준에 맞는 책을 읽으면 아무 도움이 되지 않는다. 이미 알고 있거나 예상 가능한 수준의 텍스트이기 때문이다. 자신의 수준을 몇 단계 뛰어넘는 책을 읽어야 비로소 '생각'이라는 것을 시작할 수 있다.

생각의 범위를 넓히기 위해 예술과 건축, 과학, 경영 등 다양한 분야의 책을 선택했으니, 어렵더라도 멈추지 않기를 바란다.

- 《마음은 어떻게 작동하는가》, 스티븐 핑커, 김한영 역, 동녘사이언스
- 《시간과 타자》, 에마뉘엘 레비나스, 강영안 역, 문예출판사
- 《존재와 무》, 장 폴 사르트르, 정소성 역, 동서문화사
- 《근사록집해》, 주희, 이광호 역, 아카넷
- 《인간 본성에 대하여》, 에드워드 윌슨, 이한음 역, 사이언스북스
- 《예루살렘의 아이히만》, 한나 아렌트, 김선욱 역, 한길사
- 《생각을 넓혀 주는 독서법》, 모티머 J. 애들러, 독고 앤 역, 멘토
- 《노자평전》, 쉬캉성, 유희재 역, 미다스북스
- 《마케팅 전쟁》, 잭 트라우트, 안진환 역, 비즈니스북스
- 《잠 못 이루는 밤을 위하여/행복론》, 카를 힐티, 곽복록 역, 동서문화사
- 《제3의 공간》, 크리스티안 미쿤다, 최기철 역, 미래의창
- 《젊은 베르테르의 슬픔》, 요한 볼프강 폰 괴테, 박찬기 역, 민음사
- 《니코마코스 윤리학》, 아리스토텔레스, 천병희 역, 숲
- 《기술복제 시대의 예술작품》, 발터 벤야민, 최성만 역, 길
- 《엥케이리디온》, 에픽테토스, 김재홍 역, 까치
- 《임제어록》, 정성본, 한국선문화연구원
- 《상상계의 인류학적 구조들》, 질베르 뒤랑, 진형준 역, 문학동네
- 《습관에 대하여》, 라베쏭, 최화 역, 누멘
- 《있음에서 함으로》, 움베르토 마뚜라나, 서창현 역, 갈무리
- 《레오나르도 다 빈치 노트북》, 레오나르도 다 빈치, 루비박스
- 《에티카》, 바뤼흐 스피노자, 조현진 역, 책세상
- 《미학의 기본 개념사》, W.타타르키비츠, 손효주 역, 미술문화

- 《구토》, 장 폴 사르트르, 방곤 역, 문예출판사
- 《세설신어》, 유의경, 명문당
- 《율곡 이이》, 황의동 외, 예문서원
- 《합의 도덕론》, 데이비드 고티에, 김형철 역, 철학과현실사
- 《탐험의 역사》, J. 레슬리 미첼, 김훈 역, 가람기획

2. 사색 초급 도서

이제는 읽는 데 그치지 말고, 책을 읽으며 작가의 가슴에 접선하려는 노력이 필요한 단계이다. 2단계의 책들은 1단계보다 약간 쉽지만, 읽는 데 더욱더 많은 생각이 필요하다. 작가와 제대로 접선하지 않고 그저 눈으로 텍스트만 읽는다면, 아무것도 느끼지 못할 것이다. 나는 당신이 조금 더 과격해지기를 바란다. 사색가란 달리 말하면, '싸우는 자'를 의미한다. 이는 치고받고 싸우는 게 아니라, 생각과 생각의 싸움을 말한다. 1단계에서 시간을 많이 썼기 때문에 2단계에서 소개한 책을 읽는 기간은 2개월에서 3개월 정도로 빈틈 없이 잡는 것이 좋다. 그래야 멈추지 않고 끝까지 달릴 수 있다.

2단계에서는 약간 지루함을 느낄 수도 있다. 그만큼 작가의 가슴에 접선하는 것은 성공률이 굉장히 낮은 어려운 시도이다. 이때 마음을 다잡는 일환으로 책을 대하는 삼성 임원들의 열 가지 태도를 읽어 보면, 작가와 접선하는 데 큰 도움을 받을 수 있을 것이다.

- 독서는 재미있는 습관이다.

- 독서를 통해 스트레스를 풀 수 있다.

- 독서하는 저녁이 가장 아름답다.

- 때와 장소를 가리지 않고 읽는다.

- 어려운 일은 독서를 통해 잊는다.

- 좋은 문구는 적어 두고 가슴에 남을 때까지 읽는다.

- 관심 주제에서 벗어나 독서 분야를 넓힌다.

- 한 분야를 제대로 이해하려면 관련 서적을 많이 읽는다.

- 책에서 좋은 내용을 발견하면 요약하여 주위 사람들에게 알린다.

- 전공이 다른 사람과 함께 책을 읽으면 다양한 시각을 쌓을 수 있다.

- 《실천이성비판》, 임마누엘 칸트, 백종현 역, 아카넷
- 《세일즈맨의 죽음》, 아서 밀러, 강유나 역, 민음사
- 《괴테와의 대화》, 요한 페터 에커만, 박영구 역, 푸른숲
- 《데미안》, 헤르만 헤세, 이건숙 역, 혜원출판사
- 《스피노자의 뇌》, 안토니오 다마지오, 임지원 역, 사이언스북스
- 《차라투스트라는 이렇게 말했다》, 프리드리히 니체, 장희창 역, 민음사
- 《죄와 벌》, 도스토옙스키, 유성인 역, 하서
- 《죽음의 수용소에서》, 빅터 프랭클, 이시형 역, 청아출판사
- 《어느 날 나는 흐린 주점에 앉아 있을 거다》, 황지우, 문학과 지성사
- 《촘스키 사상의 향연》, 노암 촘스키, 이종인 역, 시대의창
- 《햄릿》, 윌리엄 셰익스피어, 최종철 역, 민음사

- 《땅콩박사》, 로렌스 엘리엇, 곽안전 역, 대한기독교서회
- 《동물농장》, 조지 오웰, 도정일 역, 민음사
- 《사이먼 래틀》, 니콜라스 케니언, 김성현 역, 컬처그라퍼
- 《몽테뉴 수상록》, 몽테뉴, 손우성 역, 동서문화사
- 《카오스》, 제임스 글리크, 박배식 역, 누림
- 《인간실격》, 다자이 오사무, 김춘미 역, 민음사
- 《악의 꽃》, 샤를 피에르 보들레르, 윤영애 역, 문학과지성사
- 《파리의 우울》, 샤를 피에르 보들레르, 윤영애 역, 민음사
- 《주름 라이프니츠와 바로크》, 질 들뢰즈, 이찬웅 역, 문학과지성사
- 《나, 너, 우리》, 뤼스 이리가라이, 박정오 역, 동문선
- 《대승기신론소병별기》, 원효, 오형근 역, 대승
- 《인듀어런스》, 캐롤라인 알렉산더, 김세중 역, 뜨인돌

3. 사색 중급 도서

2단계를 통해 작가의 가슴에 접선해 독서하면 어떤 일이 생기는지 놀라운 변화를 체험했을 것이라 믿는다. 그 놀라운 경험을 자주 하고 싶다면, 자유자재로 작가의 마음에 접선하는 방법을 터득해야 한다. 조금 더 많은 것을 생각하고 느끼기 위해서는 늘 책을 읽기 전에 다음 두 문장을 기억해야 한다.

- 나를 버리고 다른 사람이 되겠다.

- 새를 그리려면 먼저 내 안에서 그것이 날아가게 해야 한다.

요약하면 간단하다. 다른 사람의 삶에 접속하려는 의지를 갖추고 그 사람의 삶에 접속하기 위해 나를 버려야 한다. 그리고 당신의 빈 가슴에 당신이 느끼고 싶은 상대방의 삶을 담아야 한다. 그것이 완성되면 비로소 세상을 조금 더 깊고 넓게 느낄 수 있다.

독일의 철학자 마르틴 부버는 감정 이입에 대해 이렇게 말했다.

"감정 이입은 자신의 느낌으로 어떤 대상, 예컨대 기둥이나 수정 혹은 나뭇가지, 심지어는 동물이나 사람들의 동적인 구조 속으로 미끌어져 들어가고자 하는 것이며, 자신의 근육 감각을 통해 대상의 짜임새와 움직임을 이해하여 그 구조를 내부에서부터 추적해 가고자 하는 것이다. 감정이입은 자신의 위치를 여기에서 저기로, 혹은 저 안으로 옮겨 놓고자 하는 것이다."

감정 이입은 사람과 사람에게서만 발생하는 것이 아니다. 위의 말처럼 나뭇가지 혹은 동물과도 감정 이입이 가능하다. 몸은 여기에 서 있지만, 생각은 온 세상을 무대로 활동할 수 있다는 것이다.

하지만 제대로 접속하지 않으면 사색이 불가능해진다. 문제가 일어난 현장에 들어가 그 현장의 일부가 되어야 한다. 그리고 발상을 바꾸기 위한 연습을 해야 한다. 이에 도움이 되는 도서를 선정했다. 이번에는 좀 더 범위를 넓혔다. 이제부터가 정말 중요한 단계이니 책을 읽는 데 기한을 정해 두지 않아도 된다. 중요한 것은 접속과 발상 전환이다.

- 《반 고흐 영혼의 편지》, 빈센트 반 고흐, 신성림 역, 예담
- 《남해 금산》, 이성복, 문학과지성사
- 《감옥으로부터의 사색》, 신영복, 돌베개
- 《명심보감》, 추적, 백선혜 역, 홍익출판사
- 《플라톤의 대화편》, 플라톤, 최명관 역, 창
- 《노동의 종말》, 제레미 리프킨, 이영호 역, 민음사
- 《유쾌한 이노베이션》, 톰 켈리 조너던 리틀맨, 이종인 역, 세종서적
- 《리더십 유산》, 마르타 브룩스, 조천제 역, 넥서스
- 《도덕경》, 노자, 오강남 역, 현암사
- 《문학과 예술의 사회사》, 아르놀트 하우저, 백낙청 역, 창비
- 《부활》, 레프 톨스토이, 박형규 역, 민음사
- 《건축예찬》, 지오 폰티, 김원 역, 열화당
- 《도덕감정론》, 아담 스미스, 박세일 역, 비봉출판사
- 《묵자》, 묵적, 박재범 역, 홍익출판사
- 《중력과 은총》, 시몬 베유, 윤진 역, 이제이북스
- 《니코마코스 윤리학》, 아리스토텔레스, 강상진 외 역, 길
- 《천 개의 고원》, 질 들뢰즈, 김재인 역, 새물결
- 《삶과 죽음을 바라보는 티베트의 지혜》, 소갈 린포체, 오진탁 역, 민음사
- 《열린 사회와 그 적들》, 칼 포퍼, 이한구 역, 민음사
- 《세계는 평평하다》, 토머스 프리드먼, 김상철 역, 창해
- 《소학》, 주희, 윤호창 역, 홍익출판사
- 《말테의 수기》, 라이너 마리아 릴케, 문현미 역, 민음사

- 《지각의 현상학》, 메를로 퐁티, 류의근 역, 문학과지성사
- 《철학적 탐구》, 비트겐슈타인, 이영철 역, 책세상
- 《맹자》, 맹자, 박경환 역, 홍익출판사

4. 사색 완성 도서

이제는 자신의 생각을 완성할 단계이다. 책을 읽으며 작가의 마음에 접선하는 데 그치지 않고, 발상을 전환하는 데 그치지 않고, 공저하는 마음으로 읽어 나가야 한다. 작가의 생각이 아닌 당신의 생각을 가져야 하는 시기이기 때문이다.

쉽게 말하자면, 4단계는 사람들이 말하는 어려운 책이 아닌 중학생들도 쉽게 읽을 수 있는 쉬운 책을 선택해서 그것을 자신의 언어로 바꿔 나가는 단계이다. 사색을 완성하는 책 치고는 굉장히 쉬운 편이라고 생각할 수 있다. 우리가 여기에서 얻어야 할 것은 어려운 생각을 이해하는 게 아니라, 이들처럼 자신의 생각을 갖고 하나의 이론을 만들어 내고, 그 이론을 주장할 수 있는 논리적인 이유들을 내세울 수 있는 독립된 사람이 되는 것이다. 어떤 분야에서 일을 하든, 자신의 이름으로 된 책을 낼 수 있을 정도로 업에 대한 분명한 철학을 가질 수 있는 자신을 만들어야 한다.

4단계를 마치면 당신은 아무리 나이가 들어도, 갑자기 다른 일을 하게 되어도 누구보다 빠르게 적응해서 남다른 성과를 올릴 수 있을 것이다. 그것이 바로 사색의 힘이다.

- 《시여, 침을 뱉어라》, 김수영, 민음사
- 《거의 모든 것의 역사》, 빌 브라이슨, 이덕환 역, 까치
- 《무소유》, 법정, 범우사
- 《아낌없이 주는 나무》, 쉘 실버스타인, 이재명 역, 시공주니어
- 《백년 동안의 고독》, 가브리엘 가르시아 마르케스, 안정효 역, 문학사상사
- 《존재와 시간》, 마르틴 하이데거, 전양범 역, 동서문화사
- 《Next Society》, 피터 드러커, 이재규 역, 한국경제신문사
- 《20대에 하지 않으면 안 될 50가지》, 나카타니 아키히로, 이선희 역, 바움
- 《정의란 무엇인가》, 마이클 샌델, 이창신 역, 김영사
- 《어린왕자》, 생텍쥐페리, 김화영 역, 문학동네
- 《이방인》, 알베르 카뮈, 김화영 역, 민음사
- 《좋은 기업을 넘어 위대한 기업으로》, 짐 콜린스, 이무열 역, 김영사
- 《향기로 말을 거는 꽃처럼》, 이해인, 샘터사
- 《삶에는 뜻이 있다》, 폴 토우르니에, 한준석 역, 종로서적
- 《나무》, 베르나르 베르베르, 이세욱 역, 열린책들
- 《권력 이동》, 엘빈 토플러, 이규행 역, 한국경제신문사
- 《지조론》, 조지훈, 나남
- 《설득의 심리학》, 로버트 치알디니, 이현우 역, 21세기북스
- 《메가트렌드 2000》, 존 네이스비츠, 김홍기 역, 한국경제신문사
- 《인연》, 피천득, 샘터
- 《잭 웰치 끝없는 도전과 용기》, 잭 웰치, 이동현 역, 청림출판
- 《채근담》, 홍자성, 현암사

사색 독서 4단계를 끝까지 잘 마무리해서 진정한 사색가가 되기를 바란다. 길을 선택했고, 아직 뛸 힘이 남아 있다면 멈추지 말라. 당신이 가지고 있는 모든 힘이 소진될 때까지 달려라. 그러면 자신도 모르게 온몸의 힘이 빠져 바닥에 쓰러지게 될 것이다. 당신이 모든 힘을 다해 뛰다 쓰러진 그 거리만큼 당신은 성장한 것이다. 그리고 다시 힘을 내 쓰러진 그 자리에서 뛰기 시작하면 된다. 성장이란 그렇게 이루어 나가는 것이다. 힘이 남아 있는데 중간에 멈췄다면, 다시 처음부터 뛰어야 한다. 자신의 모든 것을 다 태우지 못한 사람은 언제나 처음부터 다시 시작해야 한다.

괴테는 "세상은 죽이나 잼으로 만들어져 있지 않다."라고 말했다. 그러니 아프다고 말하지 말고, 딱딱한 것들을 두려움 없이 씹어야 한다. 목에 걸려 버리든가, 소화해 내든가 둘 중 하나이다. 사는 게 어렵지 않은 시대는 없었다. 누구나 지금 사는 이 순간이 세상에서 가장 어려운 시대이다. 하지만 결국 어려운 시대에 살아남는 사람은 고통이 찾아와도 단단하고 굳은 것들을 또다시 씹어 소화하려는 사람이다. 다만 부지런과 조급함은 구별해야 한다.

성경 잠언 21장 5절에 '부지런한 자의 경영은 풍부함에 이를 것이나 조급한 자는 궁핍함에 이를 따름이니라.'라는 문구가 있다. '부지런함'의 반대말은 '게으름'이 아니라 '조급함'이다. 게으름보다 위험한 것이 바로 조급함이다.

시작했다면, 자꾸만 냄비를 열어 보지 말라. 잘 끓고 있다. 누구보다 결과를 잘 알고 있는 것은 당신이 아니라 냄비 안에서 끓고 있는 것들이다. 사색가가 되기로 했다면, 그 시작과 끝을 걱정하지 말라.

| 에필로그 |

당신의 가치를
스스로 결정하라

2013년, MBC 뉴스데스크에서 성인 3만 8천 명에게 이렇게 질문했다.
"당신의 사회·경제적 지위 수준은 어느 정도라고 생각하십니까?"

답은 충격적이었다. 무려 47%가 자신은 하류층이라고 생각한다고 말했다. 또한 10명 중 6명이 자신의 직업이 불안하다고 말했고, 73%는 나름대로 노후 준비를 하고는 있지만, 일자리가 불안하고 여기에 체감물가까지 높아 자신은 저소득층이라고 생각한다고 말했다.

그들은 그 이유에 대해 이렇게 답했다.

"계층 간의 격차가 더욱 심해지고 있습니다. 정말 살기 쉽지 않은 세상인 것 같아요."

더 큰 문제는 자신의 사회적 지위가 상승할 수 있을 것이라 생각하는 사람이 매년 줄어들고 있다는 것이다. 사실 사는 게 쉬운 시대는 없었다. 전 세계 어디를 가도 사는 게 쉬운 나라는 없다. 10년 전이나 오늘날이나 마찬가지이다.

하지만 이런 환경에서도 자신의 능력을 비약적으로 성장시킨 사람들이 있다. 바로 삼성의 임원들이다. 실적에 따라 변수가 많지만, 삼성전자 등기임원의 평균 연간 보수는 50억 원~100억 원 정도이다. 국민건강보험공단의 조사에 따르면, 삼성전자에서 연봉이 아닌 월급을 7,800만 원 이상 받는 임직원이 무려 62명에 이른다. 이들 역시 신입사원 시절이 있었다. 그 시절에 받았던 연봉에 비하면 적게는 수십 배, 많게는 수백 배 이상의 연봉 기록을 경신한 셈이다.

그들이 다른 사람들과 같은 시간을 일하고도 수십억 원의 연봉을 받은 이유는 지난 시간 동안 제대로 쉬지 않고 자신을 갈고닦았기 때문이다. 하지만 사람들은 그들의 노력은 보지 않고, 많은 연봉을 받는다며 그저 부러워한다. 그리고 자신의 가치를 스스로 정할 수 있는 그들을, 정년이 넘어도 회사가 붙잡는 인재인 그들을 부러운 눈길로 바라본다.

물론 삼성의 임원들처럼 비약적인 성장에 이르는 길은 쉽지 않다. 단순히 몇 배 수준의 성장이 아니라, 판 자체를 바꿔야 하기 때문이다. 하지만 관점만 바꾼다면, 그렇게 어려운 것도 아니다.

많은 사람이 이렇게 말한다.

"고작 연봉 3,000만 원을 받으면서 내 집을 마련하기란 하늘의 별 따기지."

한 번 생각해 보자. 변하지 않는 것은 높은 집값이다. 그런데 대부분의 사람이 수십 년째 집값이 내려가기만 기다리고 있다. 연봉이 올라갈 확률보다 집값이 내려갈 확률이 더 크다고 생각하기 때문이다. 지금 당장 그런 생각을 버려야 한다. '연봉 3,000만 원으로 내 집을 마련하기란 불가능하니 내 가치를 억대로 올리겠다'고 생각하라. 이렇게 관점을 바꿔야 이 책에서 소개한 삼성 임원들의 일하는 방식이 더욱 실질적인 도움이 될 것이다.

삼성의 임원들은 한목소리로 이렇게 말한다.

"지금 당신이 어디에서 무슨 일을 하고 있든, 당신이 하는 일의 가치를 결정하는 것은 일 자체가 아니라, 그 일을 하는 당신의 마음가짐이다."

중요한 것은 당신이 처한 환경이 아니라, 당신의 환경을 바라보는 당신의 시각이다. 경기가 좋지 않아도, 경쟁이 심해도, 시장이 급변해도 앞서 뛰고 싶다면, 최고의 위치에서 '삼성'이라는 신화를 쌓아 온 삼성 임원들의 일하는 방식을 온전히 당신의 것으로 만들어라.

이 책이 다른 자기계발서와 다른 점은 재촉하거나 닦달하지 않는다는 것이다. 삼성의 임원들은 열심히 하고도 원하는 것을 얻지 못한 당신을 질책하는 게 아니라, 함께 앞으로 나아가 보자고 손을 내밀고 있다.

나는 삼성 임원들의 모든 경쟁력이 당신의 방식으로 당신의 것이 되기를 바란다. 그리고 세상이 당신을 평가하도록 그냥 두지 말기를 바란다. 삼성의 임원들처럼, 당신의 가치를 스스로 결정하라!